DISCOVRS DES ESTATS

ET OFFICES, TANT DE GOVVERNEMENT que de la iustice & des finances de France.

Contenant vne briefue description de l'auctorité, iuris-diction & cognoissance, & de la charge particuliere d'vn chacun d'iceux.

Auec vne table du contenu au present discours,

Par CHARLES de FIGON Conseiller du Roy, & maistre ordinaire en la chambre des Comptes seant à Montpellier.

A PARIS,

Chez GALIOT CORROZET, au Palais ioignant les Consultations.

M. DC. VIII.

A MONSEIGNEVR DE

SAVVE CONSEILLER DV

Roy noſtre Sire, & Secre-
taire d'Eſtat, & des Com-
mandemens de ſa
Majeſté.

ONSIDERANT (Mō-
ſeigneur) la grandeur &
excellence de ceſte Mo-
narchie de Frāce, qui eſt aſſize aux climats plus fer-
tiles & gracieux du mon-
de. Conſiderant auſſi les
grāds troubles & alterations, que l'eſtat d'icelle à ſouffert & porté depuis longues années: Il
ſemble que Dieu qui l'a ainſi diuinement eſtablie
& ordōnée, & par vn ſi long tēps qu'il y a de l'origine & cōmencement d'icelle, miraculeuſemēt

ă ij

gardée & conseruée, miraculeusement aussi luy a
formé & donné vn grand Roy, Prince & Mo-
narque plein d'heur, de force & magnanimité :
pour reparer toutes ces foulles & oppressions, & la
remettre & restituer en son ancienne splendeur
& beauté : comme elle estoit du temps de ce grand
Roy son pere Henry deuxiesme d'immortelle
memoire. C'est le Roy HENRY troisiesme son
fils nostre souuerain Prince, qui dés sa premiere
ieunesse à pris les armes en main, dressé de fortes
& puissantes armées, icelles sagement conduit &
exploicté & vaillamment bataillé : assailly, pris
& forcé par assauts, villes, forts, & chasteaux,
& tousiours victorieux reprimé la violence &
impetuosité de ces troubles qui estoient en plusieurs & diuers lieux de ce Royaume. Qui encores en ceste mesme ieunesse, par le bruit de sa grãde valeur & prouesse, a incité les peuples & nations estrangeres : comme les Polonnois à le re-
chercher parmy tant de grands Princes & poten-
tats de l'Europe : & de l'eslire & couronner pour
leur Roy. Où ayant par quelque temps vertueu-
sement & sainctemét regné : Il est apres heureu-
sement retourné au lieu de sa naissance & premiere patrie, pour y regner aussi, regir & gouuer-
ner son peuple naturel : fortifier & releuer ses bõs
& fideles subiets descouragez, & abbabatus par

la longueur & pesanteur de ces troubles, de tant
de calamitez qu'ils auoient souffert. Ayāt en fin
ou par la force de ses armes, ou par la clemence &
grace speciale de sa Royalle Majesté, assistée &
cōseillée par la grāde vertu & prudēce de la Roine
sa mere du tout pacifié, estaint & assoupy iceux
troubles, recōcilié ses Prīces, & reduit tout le peu
ple en sa vraye & naturelle obeissance & en l'a-
mour & dilection mutuelle, qu'ils doiuēt l'vn enuers l'autre. Tellement que nous esperōs tous auec
l'aide de ce bon Dieu, qui l'a tousiours conduit &
guidé par la main, que la France vne fois pour
toutes receura entiere guerison de tant de maux
qu'elle a porté iusques à presēt, & iouyra cy apres
par plusieurs siecles à venir d'vn doux et heureux
repos. Dequoy nous deuons nous encores de tant
plus asseurer, quand nous voyons qu'il veut luy
mesmes entendre les affaires de son Royaume,
qu'il veut luy mesmes escouter les plainctes &
doleāces de ses subiects, pour y pouruoir & donner iugement equitable & droiturier. Au moiē
dequoy chacun admire sa sapience, & se promet
le plus grand heur & felicité pour ceste France,
qui y aye iamais esté. Toutesfois, Monseigneur, pour la grande estenduë d'où elle est, &
la grande multitude & affluence de peuple qu'il
y a tant des naturels & originaires d'icelle que

à iij

des nations voisines & estrangeres qui y viennent habiter & negotier. Il y a si grand nombre
& difference d'affaires, qu'il seroit non seulemēt
difficile, mais du tout impossible à vn seul person-
nage d'y vacquer & entendre parfaictement. Les
predecesseurs Rois & successiuemēt les vns apres
les autres, & de temps en temps, selon que l'occasion & la necessité l'a requis & merité. Auec le
droit Ciuil des Romains & Empereurs, que leurs
Majestez ont approuué, non pas pour l'auctorité
de ceux qui l'ont ordonné : Mais pource qu'il est
conforme au deuoir & à la raison. Ont fait &
promulgué encores plusieurs autres loix edicts &
ordonnances pour regler & policer leurs affaires,
& ensemble ceux de leurs subjects & regnicoles.
A ceste fin & pour l'execution & accomplisse-
ment d'icelles (outre l'estat de la noblesse, de leurs
bons & feables vassaux, & des gens de guerre
qui sont pour la main forte) ont estably & con-
stitué grand nombre d'officiers par toutes les re-
gions & prouinces du Royaume. Ausquels & à
chacun d'eux particulierement & distinctement
ont donné pouuoir & auctorisé de cognoistre,
iuger & terminer les proces & differens dés parties, punir les crimes, chastier les coulpables d'i-
ceux, entretenir le commerce & commune so-
cieté des hommes. Pouruoir à la seureté & con-

seruation de leurs vies, biens, honneurs, & familles. Les contenir aussi en la vraye subjection & obeissance qu'ils doiuent à leur Roy & Prince naturel. Pareillement de pouruecoir au fait & maniement de leurs finances, soit pour le recourement ou pour l'employ & dépence d'icelles,& generallement à tout ce qui appartient au vray regime & gouuernement de leur Royauté & monarchie. Le tout so° vn chef & general en tiltre de Chancellier & garde des seaux de France. Auquel encores particulierement ils ont donné auctorité & pouuoir d'accorder octroyer & expedier à vn chacun tout ce qui est propre & conuenable au bien profit & vtilité du Royaume, conformement aux loix ciuiles & politiques d'iceluy. Dont leurs Majestez assez occupées d'ailleurs se sont pour ce regard grandement releuées & soulagées,& les affaires de leur estat merueilleusement bien allées & succedées,quand chacun desdits ministres & officiers, soit de la iustice ou des finăces,& de la police s'est deuëment acquité du vray deuoir de sa charge,selon qu'elle luy est baillée & commise. A ceste cause & puis que de la procede le vray regime & gouuernement de nostre republique : Il m'a semblé qu'à present en ce temps pacifique, que la iustice doit auoir lieu. Vous, Monseigneur, qui pour la grand charge

ã iiij

que vous auez aupres de leurs Majeſtez: eſtes le
vray intellect de leurs affaires & Monarchie,
pourriez auoir agreable de recognoiſtre & voir
comme à vn trait d'œil, l'eſtat & ordre : & par
maniere de dire tout l'exercite de tous les Magiſtrats, officiers, & miniſtres qui ont pouuoir &
commiſſion, en l'exercice diſtribution & adminiſtration du faict de la iuſtice, de la police, & des
fināces du Royaume, & pareillement du gouuernement d'iceluy. I'ay à ceſte fin aſſemblé & vni
tous leſdits magiſtrats & officiers de France,
combien qu'ils ſoient ſeparez & grandement eſ-
longnez les vns des autres, & de tous enſemble,
(outre le ſommaire de leurs functions & mini-
ſteres qui s'en enſuit apres) comme de pluſieurs
membres diuers ay fait & compoſé vn corps entier en forme d'arbre, ayāt racine, tronc, brāches,
& rameaux, ou ſe peut facilement veoir & recognoiſtre la proprieté d'vn chacun, la connexité
& correſpondance qu'ils ont auſſi à vne commune ſouche & origine, pour rendre tous enſemble
& chacun particulierement ſelon ſa charge, le
fruict que l'on attend de ceſte noble plante, procedant de la purité & perfection de ſa racine qui
repreſente en ceſt endroit le conſeil d'eſtat & des
affaires du Roy. Auquel, Monſeigneur, pour
vos grandes vertus & merites, pour l'excellence

de voſtre bon iugement & felice memoire, pour
la fluidité & ornement de voſtre langage, ſoit à
parler ou mettre par eſcrit.   Et principalement
encores pour l'exacte diligence, entiere fidelité&
côfidence que leurs Maieſtez ont touſiours veri-
tablement eu en vous. Vous auez eſté dignemět
appellé, eſleué, & côſtitué en ceſt haut & ſublime
degré d'hôneur, de Secretaire d'eſtat. A l'occaſiô
dequoy auſſi, & de la tref-grande & naturelle
obligation que ie vous ay , pour auoir eſté longue-
ment nourri aupres de vous, & employé(moy in-
digne) aux plus grandes, plus importantes & ſe-
cretes charges de voſtre eſtat, & receu tăt de biẽ s
& de faueurs de voſtre grace & liberalité, que ie
vous tiens & repute pour mô ſeul Mecenas. I'ay
bien oſé dreſſer & cômettre entre vos mains ce
men petit labeur, & vous le preſenter. Affin
qu'apres l'auoir examiné par voſtre bon aduis &
iugement, s'il eſt trouué digne d'eſtre communiqué au public, qui eſt compoſé de pluſieurs ſens &
opinions contraires & differentes. Il vous plaiſe
le receuoir en voſtre protectiô, & luy dôner cours
ſo la faueur & appui de voſtre grădeur & auctorité, moiennăt laquelle(horsmis ceux qui ſôt par -
faits & appellés d'eux meſmes aux affaires d'eſtat
qui n'y trouuerôt riẽ de nouueau) Il ne s'en faudra
gueres de tous les autres qui ne le gouſtent & ſa-

uoürent pour le defir & affectiõ naturelle qu'vn
chacun à de fçauoir & entendre l'ordre regime &
gouuernement de fa republique: dont ie prefupofe
leur auoir formé vne idee, & donné vne generalle connoiffance pour s'acheminer d'eux mefmes à
vne plus parfaite & folide intelligence, felon l'in-
clination & vaccation qu'il y pourra auoir &
prendre, n'ayant comme il me femble, obmis aucune chofe de ce qui y peut & doit appartenir : à
tout le moins qu'il ne s'y puiffe trouuer lieu & pla
ce conuenable pour le loger, foit à l'endroit de la
iuftice ou des finãces, qui sõt les deux principaux
membres & brãchages du corps de ceft arbre, neceffaires de toute neceffité, pour le fouftenemẽt &
cõferuation de noftre Monarchie, & republique
Françoife, fans lefquels elle ne pourroit aucunement fubfifter non plus qu'vn beau & fomp-
tueux Palais & baftiment, fans vn bon & folide
fondement. Il y auroit bien encores beaucoup plus
de matiere qui voudroit entieremẽt defcrire tout
ce qui appartient au vray regime, police, & gouuernement d'vne republique Monarchique, qui
voudroit encores particulieremẽt d'efcrire la grã
deur & excellence de la noftre, tãt pour la fitua-
tiõ d'icelle qui eft au droit milieu de cefte zone tẽ-
peree, efgalement diftante de noftre pole au meri-
dien: par confequent trefmoderee & entierement
exẽpte de l'intẽperie de fes extremitez, que pour

son antiquité & longue duree qu'il n'en y euſt iamais vne ſemblable au möde, ny par conſequent,
& comme il eſt bien vray ſemblable auſſi vne
qui aye iamais eſté ny ſoit mieux peuplee, habitee
n'y frequentee de plus grands heroiques ſigna-
lez & excellens perſonnages en toutes ſciences &
facultez, mieux baſtie, garnie, & accömodee de
plus belles villes, citez chaſteaux, fleuues, & riuieres nauigables en l'vne & l'autre mer: ny qui
ſoit plus fertile & communement abondante en
toutes ſortes de fruicts, viures, & autres choſes
neceſſaires à la vie humaine que la noſtre. Mais
ce n'eſt le ſubiet qui ſe preſente en ceſt endroit, qui
eſt ſeulement vne ſommaire & compendieuſe de-
monſtration de noſtre eſtat & forme de gouuernement, pour le rendre tant plus aiſé & facile à
cöprendre, me remettant du ſurplus à tant de do-
ctes philoſophes, Grecs, Latins, & vulgaires Frä-
çois, qui ont amplemët eſcrit & baillé reigles certaines & generalles du fait et gouuernement de
toutes ſortes de republiques et en toutes les diffe-
rëces d'icelles. Et pareillement à tät d'autres excellens Coſmographes, et Hiſtoriographes, qui ont
eſcrit vniuerſellemët de toutes les parties du möde, et particulieremët de la Gaule, et de ce Royaume de Fräce, qui ne cede à nulle autre nation qui
ſoit deſſous le ciel, en böté, beauté, fertilité, ſecon-

dité & abondance de toutes choses d'exellence,
comme si elle estoit le cœur, la cresme ou le moyau
de l'œuf: au reste de l'vniuersel du mõde, ausq̃ls
ie renuoyeray (s'il leur plaist) ceux qui seront curieux de passer plus auant les suppliant bien hum—
blement de se vouloir côtenter de ce qui se presen-
te. Et vous aussi, Mõseigneur, encores plus hum-
blement de vouloir excuser la presumptiõ & trop
grãde hardiesse que i'ay eu de vous auoir commis
& dressé chose de si peu d'importãce. Ie dits pour
le regard de l'auteur & inuẽteur qui eust biende-
siré de pouuoir faire mieux, & non pour le regard
de l'œuure qui ne pourroit estre plus digne devous
represẽtãt l'estat politiq̃ du Royaume & l'ẽtiergou
uernemẽt d'iceluy. En quoy ainsi que dit est, vous
auez vne desplus grãdes & pl⁹ importãtes charges
comme il sera encores cy apres plus amplement remonstré au chapitre particulier des Secretaires
d'estat, & des commãdemens du Roy. Et prndre
en bonne part, s'il vous plaist, Monseigneur, le
but & fin de mon intentiõ qui ne tend seulement
(qu'en profitant au public) au seruice de sa Royalle Majesté & à l'excellence de vostre grãdaucto-
rité. Qu'il plaise à Dieu toutpuissant faire longue-
ment viure & continuer à son hõneur & gloire,
repos, soulagement & tranquillité du Royaume.

Vostre tres-humble & ancien seruiteur.

C. de FIGON.

AV LECTEVR.

Vant ie commençay de mettre la main à la plume pour tracer ce petit traicté, Ie ne péſois pas qu'il euſt ce bien d'eſtre ſi auát diuulgué qu'il eſt. Auſſi à la verité ie n'y auois trauaillé que pour me ſeruir de memoire locale en l'exercice & vacation, ou ie me ſuis employé tout le temps de ma vie, qui eſt de la pratique iudiciaire, Des finances & de l'eſtat de la France. Mais eſtant viſité par aucũs de mes familiers amis, qui l'auroiét rencontré parmy mes autres papiers iette l'œil deſſus, & apres de main en main communiqué à certains autres, Ils y auroient recogneu du labeur & diligence, qui pourroit ſeruir non ſeulement à ceux qui commencent de venir & entrer en la cognoiſſance & exercice de la pratique & eſtat des affaires de la France. Mais à ceux encores qui y ſeroient plus auancez pour y trouuer promptement la premiere adreſſe de toutes les actions, charges & functions des magiſtratures, ou bien ſouuent pour la multitude & varieté d'icelles ou pour ne les auoir entierement pratiquées, ny diſcernees: L'on eſt en doubte du chemin que l'ó auroit à prédre & par ce moyé en dáger de tomber en la peyne de recommencer le

voyage. Ce que m'ayant esté persuadé par plu-
eurs & diuerses fois auant que me l'aisser vaincre
en c'est endroit:en fin i'aurois esté côtrainct pour
satisfaire à mes amys & pour le prousit du pu-
bliq qu'ils m'ont representé deuant les yeux, de
proposer à iceluy & mettre en plus grande lu-
miere que ie n'auois destiné ce mien petit labeur
& recerche, qui est de la charge, function, auctorité & iurisdiction de tous les officiers ministres
& iurisdictions de la France. Soit pour le fait de
la iustice distributiue ou pour le fait de l'administration des finances ou de la police d'icelle
selon le peu de iugement, pratique, cognoissance & exercice que i'en ay fait presque par
tous les lieux qui sont representez par les branchages de c'est arbre & les principaux d'iceux:
Et encores mesmement par le corps dudit arbre, ayant eu ce bien & honneur d'auoir esté secretaire de feu monsieur le Cardinal de Sens,
qui estoit Chancellier & garde des seaux de Frâ-
ce du temps du feu Roy Henry, De maniere que
m'estant tousiours continuellement exercé en
vn lieu ou en autre, i'ay rapporté ce que i'ay peu
cognoistre & trouué estre de l'auctorité, iurisdiction & cognoissance particuliere d'vn chacun
& le tout reduit à vn but & periode qui est
monseigneur le Chancellier & garde des seaux de
France, duquel depend & auquel appartient
l'entier regime & gouuernement de toute ceste
famille comme vous pouuez plus amplement
veoir & recognoistre par la forme & figure de
c'est arbre, en commençant par le tronc d'iceluy

procedant de fa racine accompaignee des bour-
geons & reiectons qui font aupres d'icelle &
apres en continuant par les branches & rameaux s'il vous plaift de les enfuyure & recourir
apres à leurs chapitres particuliers felon l'ordre
numeraire dont ils font marquez & cottez en
la table ou ie defcriptz fommairement, l'auctorité charge pouuoir & commiffion d'vn chacun:
plus fommairement poffible qu'il ne conuien-
droit pour fatisfaire fuffifamment à ceux qui de-
fireroient fçauoir & entendre plus au long & al-
ler iufques au commencement & origine des
premieres caufes & inftitutions de tant de diuer-
fité d'offices: de leurs denominations, chágeméts
& mutations qui en ont efté faites. En quoy ve-
ritablement ie ne me fuis pas rédu curieux pour
n'y recognoiftre autrement trop grand proufit
& vtilité. Remettant à vous amy lecteur de con-
fiderer qu'il n'y a pas vn de tous lefdits officiers du plus grand iufques au plus petit qui ne
depende de l'auctorité du Roy & de la fouueraine Maiefté d'iceluy, Laquelle vous prendrez
fil vous plaift pour la premiere caufe & origine
de la creation, inftitution, & eftabliffement de
tous lefdits magiftrats & de leurs denominations
auffi : qui ont efté faites felon que l'occafion &
la neceffité du temps, & des affaires l'ont requis
& merité. A quoy il fe faut principalement arre-
fter fans recercher l'exemple d'aucunes autres
Principautez ou Monarchies. Mais comme fi elles le prenoiét de la noftre, c'ar il n'eft poffible de
veoir vn meilleur ordre, pourueu qu'il foit bien

obſerué & ou pour la grande multitude & diffe-
réce d'affaires & prouinces:& deſdits magiſtrats,
officiers & miniſtres qu'il y a, l'en aurois par
ignoráce obmis qlqu'vn, ie les ſupplye ne le prendre à meſpris mais chercher place en l'arbre cy a-
pres figuré, ou ils trouuerôt encores du lieu&brá
chage pour ſy mettre & percher: comme auſſi
pareillement s'il y conuient faire quelque ente
de nouueau ou d'en oſter & couper quelque ra-
meau qui ſe trouueroit inutille ou ſuperflu, gaſté
& corrompu. Eſtant neceſſaire d'auoir en main
la coignee & le couteau, & toutes ſortes d'engins
ferremens & vtils pour trauailler ordinairement
à la vraye & parfaite culture de celte plante. De
laquelle procede la vie & ſubſtance, l'entier regime & gouuernement de la France, ſubiet à va-
riation toutesfois pour ſacommoder bien souuent aux affaires qui ſuruiennent de nouueau ſelon le changement du temps & des ſaiſons d'ou
il ne ſe faut eſbayr ny eſmerueiller. Car c'eſt le
naturel de toutes les choſes de ce monde: Pre-
nez en gré amy lecteur ce qui s'en offré pour
l'eſtat de maintenant, repreſenté comme dit eſt
par la forme & figure de ceſt arbre. Et priós Dieu
qu'il luy plaiſe par ſa bonté immence le conſeruer en verdeur faire touſiours fleurir & fructifier,
à ſon honneur & gloire proufict & vtilité du
Royaume.

DE L'ESTAT DE CHAN-
CELLIER ET GARDE DES
SEAVX DE FRANCE.

NTRE toutes les sortes de
republiques du monde, la
Monarchie est tenuë & re-
putée la plus seure & la
plus excellente : comme
entre toutes les Monarchies celle de la
France, non seulement pour son encien-
neté : mais pource quelle est hereditaire
en ligne masculine & perfectement souueraine, ne recognoissant par dessus elle
que la Majesté de Dieu sans autre charge ny redeuäce que du seul ministere de
la iustice. Car tout ainsi que le peuple Frä-
çois doit au Roy nostre souuuerain Prince entiere obeissance & subiection, sa
maiesté par reciproque obligatiõ doit à
tous ses subiets toute faueur, amour &

A

protection, qui eſt le vray deuoir & office de la iuſtice, auquel il eſt naturellement tenu, produiſant ſes effects pour le
proufit & vtilité publique, auſſi bien hors
du Royaume comme dans iceluy : à ſçauoir enuers les Roys & Princes eſtrangers, pour entretenir & conſeruer les bô-
nes & ſainctes loix de confederation &
alliance qui eſt entre eux, comme il eſt
accouſtumé de faire par le moyen &bon
office des Ambaſſadeurs qu'ils ont refpectiuement l'vn chez l'autre, & dans le
Royaume par le moyē des gouuerneurs
dē prouinces, magiſtrats ſouuerains, &
autres officiers & miniſtres : ainſi qu'il eſt
propoſé de remonſtrer ſommairement,
tant par le diſcours de ce traicté, que par
la forme de l'arbre cy deuant figuré. Lequel tout ainſi qu'il s'eſtend bien largement par toutes ſes brâches & rameaux,
Monſeigneur le Chancellier & garde des
ſeaulx, qui eſt repreſenté par le corps &
gros troncq d'iceluy, du grand pouuoir
& auctorité qu'il a ſ'eſtend vniuerſellement & generallement par tous les endroits & contrees de la France pour y

faire exercer au nom de fa majefté le vray
deuoir de la iuftice par les Magiftrats
& officiers d'icelle, felon qu'à vn chacun elle eft baillee & commife fans con-
fufion ny entreprife de l'vn fur la charge & auctorité de l'autre. Il a fur tous
la principale intendence : Il examine
leur probité & fuffifance : Il a les feaulx
du Roy qui font les vrayes marques &
caracteres de fa Maiefté, dont il feellé &
expedié toutes les prouuifions & mandemens d'icelle, foit pour le faict de la iuftice, ou des finances, & de l'entier gouuernement des affaires du Royaume. Le
tout felon les loix ciuiles & politiques
d'iceluy, ou bien en cas de difficulté auec
l'aduis & deliberation du confeil d'eftat
de fadicte maiefté, duquel il eft le chef.

DV CONSEIL D'ESTAT
DV ROY.

 L eft logé en la racine de ceft
arbre, duquel comme de la ra-
cine de toutes autres plantes,
procede la vie & fubftance d'i-

celles. Ainsi mondict seigneur le Chãcellier & garde des seaux reçoit & tire le bõ aduis & conseil de ceste illustre compaignie, le distribuant apres par toutes les contrees de la France, pour la maintenir & conseruer tousiours &tout l'Estat d'icelle le plus pres que faire se peut du iuste poix de la balance. En ce conseil qui est composé des plus grãds & heroïques Seigneurs, Princes, Prelatz, Maréchaux, grãds officiers de la couronne, & autres grands seigneurs & personnages, tant de la militie, que de la iurisprudence & literature, pratique, & cognoissance des affaires de la France, & qui ont bien merité de la republique d'icelle, sont cõceuz, arrestez & resolus tous les edictz & statutz, par lesquels sa Maiesté veult & entent regler tout son Royaume, ses affaires particuliers: Et pareillement ceux de ses subiets selõ que l'occurence & la necessité d'iceux le requiert & desire, soit pour le faict de la iustice, ou pour le faict des finãces & de la police, qui sont apres expediez par les secretaires d'Estat des finances, maison & couronne de France:

& feellez par mõdit fieur le Chãcellier &
garde des feaux, qui eft le chef dudit cõ-
feil d'Eftat, cõme dit eft, & cõfequémment
toutes autres lettres & prouifions conformes aufdictes loix edictz & ordõ-
nances ou dependãs de la teneur & fubftance d'icelles. Si par les cours de Parlement, Chambres des Cõptes & autres
Cours fouueraines procedans à la pu-
blication d'iceux edictz &ordonnances,
ou à l'inftruction d'aucuns proces & affaires concernans le faict & feruice de fa
Maiefté. La reuniõ de fon domaine, l'adminiftration de fes finances ou autrement l'Eftat publique du Royaume, cõme il aduient bien fouuent, eft faict aucũ
doubte, tellement qu'ils ne puiffent paffer oultre fans en aduertir fa Maiefté, il
y eft pourueu & ordonné par icelle, ainfi
qu'il appartiét auec l'aduis & deliberatiõ
dudit Confeil d'Eftat. Auffi pareillement
en cas de reprefailles contre les eftran-
gers, s'il en eft faict inftance par aucun
des fuiets du Roy: Quant à ce qui cõcer-
ne le faict de la iuftice diftributiue, ou il
fault recourir à l'auctorité fouueraine &

benefice du Prĩce cõme des reliefs d'appellatiõ & defertiõ, lettres de recifion de
contratz : Reftitution en entier & autres
femblables expeditions. Les Chancelleries ordinaires qui font pres des Cours
de parlement font à ceſte fin eftablies &
inſtituees, & d'autant fe trouue mondit
ſieur le Chancellier & garde des feaulx
deſchargé:& pareillement ledit Confeil
d'Eſtat, ſinon pour le regard de certaines
cauſes, dont quelquefois pour la grãdeur
& importance d'icelles, la cognoiſſance
en eſt reſeruée. Auſſi quãd il plaiſt au Roy
euoquer vn proces d'vn lieu en autre, (ce
que toutesfois ce fait bien rarement, &
non fans grande confideration.) Et pour
l'inſtruĉtiõ de ceux qui n'õt encore pra-
tiqué la cour : eſt à noter le confeil des
affaires, qui volontiers fe fait le matin en
la chambre ou cabinet du Roy, & à toutes autres heures que la neceſſité le requiert, en peu de nombre des Seigneurs
deſſuſdits à ce particulierement eſleus
par ſa maieſté:ou ſõt ouuerts les paquets
& leües les lettres des Gouuerneurs des
prouĩçes, Ambaffadeurs, & autres adue-

tiſſemens enuoyez au Roy, cõcernans le
ſeruice de ſa Maieſté & l'eſtat publique
du Royaume:& promptement pourueu
de reſponce & remede cõuenable, ſinon
que l'affaire requiert plus ample deliberation & aduis, qui à ceſte fin eſt remis au
conſeil d'eſtat deſſudiĉt. Outre les de-
peſches accordées, arreſtées & reſolues
en l'vn & l'autre deſdiĉtz conſeils: Il en y
a pluſieurs encores qui dependent de
la ſeule volonté & propre mouuement
du Roy : comme ſont graces, remiſſions,
priuileges, diſpences, permiſſiõs, oĉtrois,
conceſſions, & autres ſemblables? enten-
du toutesfois quelles ne preiudicient au
droiĉt d'autruy qui eſt touſiours reſerué
par la droitte volonté & intention de ſa
Maieſté. C'eſt en ſõme le ſubieĉt des cõ-
ſeils deſſudiĉtz & la nature des affaires
& matieres qui y ſont traittees : ſans en y
attirer aucunes autres qui ſoient ſub-
ieĉtes à contention de parties ou ſeroit
pour perſonnes de grand'reſpeĉt & au-
ĉtorité : &pour choſe qui ſeroit de grande importance & conſequence, & con-
cernant les affaires d'Eſtat comme diĉt

A iiij

est. Estans toutes les autres renuoyees à qui la iurisdiction en est particulieremēt commise & attribuee. Comme aussi pareillement du fait & administration des finances du Roy, l'examen audition & closture du compte desReceueurs, Tresoriers, Despensiers & Ministres qui est commise & attribuee à la Chambre des Cōptes, chacune au ressort & limite ou elle est ordonnee, sans que le Roy ny sō conseil d'estat s'en entremesle aucunement, sinon pour voir le fons des finances. Arrester signer& expedier les estats, mandemens& ordōnances de la recepte & dépence d'icelles. Remettāt l'entiere cognoissance de la raison & vraye administration à ladite chambre des Comptes,&autres officiers &Ministres, sur ce ordonnez. Desquels & pareillement de ceux qui ont l'exercice & administratiō de la iustice, il sera cy apres parlé de chacun en son lieu, suiuant les branches & rameaux de cest arbre. Estant conuenable requis & necessaire prealablement, pour ne laisser aucune chose en arriere, de retourner à ceste racine, & à certains

bourgeõs & reiettons qui font au coſtez
de ceſte plante, pour la fecondité de laquelle & pour le repos, tranquilité, & pacification du Royaume, leur function &
Miniſtere eſt de treſgrand valeur & effi-
cace.

DES GOVVERNEVRS DES
PROVINCES.

ET principalement des Gouuerneurs des Prouinces. La
charge & auctorité deſquels
eſt de repreſenter la perſonne du Prince, qui ne peut
pour la grandeur & eſtéduë de ſon Royaume eſtre preſent par tous les endroits
& côtrées d'iceluy. Parquoy il eſt treſfre-
quis & neceſſaire, ſingulieremét aux pro
uinces maritimes&limitrophes, voiſines
& contigues des autres Roys, Princes, &
Monarques d'y enuoyer & tenir conti-
nuellemét aucũs grãds Seigneurs, & per-
ſõnages prínces, ou autres illuſtres de mar
que & grande recõmandation, pour a-
uoir l'œil, tenir la main& pouruoir le pl⁹

ciuilement & politiquement que faire se
peut & par main forte si besoin est à la
cõseruation, pacification, & trãquilité du
lieu & Prouïce ou il est ordõné. A ce que
elle soit & dameure tousiours en la vraye
& perfecte subiectiõ & obeisſãce du Roy
souuerain Prince. Garder & empescher
par tous moyẽs qu'il n'y aye aucune ele-
uatiõ au cõtraire, murmure n'ypresũptiõ
d'icelle, en conferer à ceste fin & se faire
assister par les officiers & ministres de la
iustice, les grãs seigneurs, villes, communautez, & autres qu'ils verrõt & cognoi-
stront estre bõs & fideles subiets du Roy,
de façon que tout demeure pacifique &
tranquille. Et d'autant qu'ils se trouuent
limitrophes & ioignãs les Princes estrã-
gers, qui pourroient volõtiers entreprendre & machiner quelque chose au preiudice du bon estat & repos de leurs gouuernemẽs, surprẽdre villes, forts, ou cou-
rir la campaigne. Doiuẽt aussi auoir l'œil
& se prẽdre bien garde au mieux que faire se peult aux deportemens dudit Prince estrãger pour s'opposer & obuier à ses
mauuais desseings & intentiõs. Et ou ils

en auroient quelque ouuerture ou pre-
fumption, en aduertir promptement &
diligemment la maiefté du Roy, comme
auffi pareillemēt de toutes autres affaires
& occurences concernans l'auctorité &
feruice d'icelle. Et cependant pourueoir
à la garde & affeurance des villes, forts,
chafteaux & paffages de leurfdits gouuer
nemens, à la fortification, auitaillemēt&
munitiõ d'iceux, à la folde & entretenement des garnifons & gens de guerre tāt
de cheual que de pied, qui font aufdites
villes, chafteaux & autres lieux & endroits de leurfdits gouuernemēs : les faire viure par eftapes, munitiõ, &autremēt
le plus modeftement & à la moindre fou-
le du peuple que faire fe peut, garder &
empefcher qu'ils n'vfent d'aucune violē-
ce ny rigueur contre le peuple & les bõs
fubiects du Roy. S'il y efcheoit quelque
contrauention & cas digne de punition
& reprimé de par fon Preuoft en fera faire la iuftice : & autremēt felon l'ordre de
la guerre pour le regard des perfonnes
militantes, fans entreprendre toutesfois
fur l'autorité de la iuftice ordinaire pour

le regard des autres ſubiets du Roy, où ils
doiuent renuoyer tous autres proces &
differens qui ſe pourroient mouuoir en-
tr'eux. Et aduenant que leſdits gouuerneurs fuſſent quelquefois abſents&hors
de leurs prouinces & gouuernemẽs, ou
autrement empeſchez qu'ils ne peuſſent
actuellemẽt faire le deuoir de leurs char-
ges:Il y a d'autres grãds ſeigneurs en leur
lieu qui ſont apppellez Lieutenãs Generaux du Roy, à ceſte fin ordonnez & dé-
putez par ſa Maieſté : Comme auſſi pareillement ſ'il y a auſdites prouinces &
gouuernemens aucunes villes, forts, &
Citadelles, qui ſoyent limitrophes &
d'importance, où il ſoit beſoin pour la
garde & ſeureté d'icelles, vſer d'vne exacte diligence &vigilance. Il y a à ceſte fin
des gouuerneurs particuliers qui ont en
ceſt endroit tout le pouuoir & intendence ſous l'auctorité, toutesfois deſdits
gouuerneurs, lieutenans generaux du
Roy, qui doiuent tous auoir enſemble
ou ſeparemẽt ceſte maxime & opinion:
que toutes leurs actions, volontez, & in-
tentions redondent au vray ſeruice du

Roy, repos & foulagement de fes fubiets
& regnicoles.

DES AMBASSADEVRS.

L a efté cy deuant remõftré au premier chapitre de ce liure, que les effects de la iuftice f'eftendent pour la conferuation de l'Eftat publique du Royaume, auffi bien au dehors comme dans les limites d'iceluy. A cefte fin & tout ainfi comme aux prouinces limitrophes font ordonnez & establis des gouuerneurs & Lieutenans Generaux de la Maiefté. Entre autres chofes pour auoir l'œil au deportement des Princes eftrãgers, qui font voifins des prouíces qu'ils ont en charge & gouuernemẽt, & obuier à ce qu'ils ne machinent n'y entreprennent aucunemẽt fur icelles. Le Roy a accouftumé d'enuoyer deuers les Roys & plus grãs Princes fes voifins, auec lefquels il a bonne paix, amitié, alliance, & confederation & tenir aupres deux des Ambaffadeurs à ceft effect d'élire & choifir de perfonna-

ges qui foient de la qualité & fuffifance
requife, gens entendus & experimentez
pour fe manier & côpofer enuers lefdits
Princes, ou il font enuoyez felon l'eftat
& difpofition des affaires & le deu du feruice du Roy. Confiftant principalement
à maintenir & conferuer la bonne paix,
& amitié qui eft entre eux. Obuier à toutes factiõs, entreprinfes & occafions qui
la pourroient troubler ou interrompre
en tout euenement, tenir toufiours
la Maiefté du Roy, aduertie de tout ce
qui ce paffe, guerit & negotie en ces parties là: non feulement de ce qui touche
le faict de fadicte Maiefté, mais encore
de toutes autres occurences & nouuel-
les eftrangeres, defquelles bien fouuent
l'on tire quelque prouffit & vtilité, Garder & obferuer inuiolablement ce qui
appartient à la grãdeur auctorité & pre-
cedence du Roy leur maiftre par deffus
tous autres Roys de la chreftiëté, fans en
perdre ny laiffer paffer chofe quelcõque
qui y puiffe preiudicier. Et pour ce que
telles charges d'Ambaffadeurs font de
grand poix & importance : & autant vti-

les & neceſſaires & preſque correſpon-
dātes à celles des gouuerneurs des prouinces: Il m'a ſemblé les debuoir cōprē-
dre & loger en la racine de c'eſt arbre.
Auſſi à l'on accouſtumé de commettre
& deputer le plus ſouuent des Seigneurs dudiĉt Conſeil d'Eſtat ou autres grands perſonnages qui ſ'appro-
chent & ont cognoiſſance & intelligence des affaires d'iceluy. Outre les Ambaſſadeurs generaulx il en y a encores
d'autres qui ſont enuoyez & deputez
particulierement pour traiĉter & nego-
cier mariages, alliances : pour viſiter ſe
coniouyr ou condoloir, ſelon le bon ou
mauuais ſuccez & euenement des affaires : porter parole de creāce. Et pour autres particulieres & ſpeciales occaſions
ſelon l'occurence d'icelles, & les memoires & inſtructions, qui leur ſont baillees, à celle fin. Eſt à noter pour le regard
des Ambaſſadeurs reſidēs pres des Prin-
ceſt eſtrangers, que de meſme il en y a de
leur part reſidens pres noſtre Roy. Ils
ſont volontiers triennaires, & leur terme
paracheué en ſont enuoyez d'autres en

leur lieu, qu'ils attendent auant leur par-
temēt pour les inſtruire & dreſſer particulierement, ſelon les derniers erremens
& eſtat de leurs charges.

DV GRAND CONSEIL
DV ROY.

LA denomination du grand
Conſeil du Roy, demon-
ſtre aſſez la grandeur & autorité d'iceluy, & à dire la
verité, c'eſtoit l'ancienne denomination du conſeil Priué, & d'Eſtat
du Roy, auquel l'on ſouloit plaider, cognoiſtre, iuger, & decider de pluſieurs
proces, affaires, & differens populaires,
& de partie à partie, procedans & dé-
pandans de quelque loy generalle ou
particulier du Royaume, non encores
receuë aux Cours ſouueraines : ou pour
raiſon du diſcort & diuerſité de reſſort,
iuriſdiction ou de recuſation d'icelles, &
autres matieres d'importance qui occu-
poiēt le conſeil des affaires, & de l'Eſtat
du Royaume. Tellement que pour ſatiſ-
faire

faire à tout conuenablement, comme il
eſtoit bien requis & neceſſaire, &　pour
auoir tant plus de lieu,& téps pour pourueoir aux affaires de l'Eſtat. Le conſeil &
audience de la contention des parties,
fuſt ſeparé & faict vn corps decour à part
ſans changer.　Mais amenant quand &
ſoy l'ancienne denomination & intitu-
lation de grand conſeil du Roy, pour l'il-
luſtration & decoratió d'iceluy, demeu-
rant neantmoins pour cognoiſtre des affaires de l'Eſtat. Le cóſeil priué de ſa Majeſté tel qu'il a eſté qualifié cy deſſus, duquel ledict grand conſeil eſt comme an-
nexé & dependance fondé en ſpeciale
iuriſdictió & cognoiſſance des proces in-
troduictz pour raiſon des Archeueſchez,
Eueſchez, Abbayes, Prieurez, Electifs,
& conuentuelz. Et pareillement des Ho-
ſpitaux,& maladeries:des recuſatiós pro-
poſées contre tous les officiers　d'vne
court ſouueraine.　Quand entre deux
courts ſouueraines y a conflict de iuriſdiction, ſoient cours de Parlement ou
preſidialles. Et meſme métpour regler les
iuges Preſidiaux, ſi les cours de Parle-

ment veulent entreprendre, fur leur autorité & iurifdiction des appellations en
matiere ciuile du Preuoft de l'Hoftel, &
generalement de toutes autres caufes &
matieres qu'il plaift au Roy y commettre & r'enuoyer par les lettres patentes.
Aufli eft ledict grand confeil à la fuitte
de fa cour & les arreftz, lettres, commiffions & autres dépeches & prouifions qui y font decernees & octroyees:
font conceues & expediees au nom du
Roy, & feellees de fon grand feau, execu-
tees & exploictees par tout le Royaume
vniuerfellement, & terres de fon obeyf-
fance fans demander placet, ny parea-
tis tout ainfi & par la mefme forme & maniere que l'on a accouftumé de faire des
lettres, prouifions & dépefches faictes &
accordees audit confeil d'eftat du Roy.

DES SECRETAIRES D'E-
STAT, DES COMMANDEMENS
& finances du Roy, maiſon &
couronne de France.

Ncores que le nom & til-
tre de Secretaire du Roy,
ſoit general, & qu'il com-
prenne en ſoy tout le college qui eſt en nombre de
ſix vingts & plus. Neantmoins il eſt bien
à preſumer, que la denomination a eſté
priſe & tiree de la cauſe, ou effect de ceux
qui ſont pres de la perſonne & de l'oreil-
le du Prince, deſtinez pour entendre le
ſecret de ſes affaires, & de ſes iuſtes &
royalles pēſees & deliberatiōs: ſoit qu'elles procedent de la viue voix de ſa Maieſté, ou du conſeil d'eſtat d'icelle. Auſſi
ſont ils dits & nōmez Cōſeillers du Roy,
& Secretaires d'eſtat, & non impropre-
ment des cōmādemēs. Pource que cōme
a eſté dit cy deuant. Il y a pluſieurs functions en la Maieſté du Roy. Celle meſ-
memēt qui eſt accompaignée de plus de
ſouueraineté & qui n'a rien de commun

auec les affaires, mais qui depend entierement du propre mouuemēt, seul pou-
uoir&auctorité royalle cōme d'octroyer
graces, abolitions, priuileges, estats, offices, decorations, dons & autres telles ex-
peditiōs qui sont comprises souz le nom
& tiltre de commandement, qu'en faict
le Roy au Secretaire qui a l'hōneur de le
receuoir. Et quant à l'estat il n'y a charge
plus requise, plus necessaire, & importan-
te apres celle de mondit sieur le Chācel-
lier & Garde des seaux de Frāce qui en a
la principale surintendāce, que celle des
secretaires d'estat qui ont la vraye & parfaite intelligence, & cognoissance de
tout ce qui appartient au regime, gouuernemēt & police du Royaume, soit au
dedans ou dehors iceluy. Soit pour dres-
ser les memoires & instructions des Am-
bassadeurs, ou les pouuoirs, & cōmissiōs
des gouuerneurs des prouinces & autres
quelconques qui sont employez pour le
seruice du Roy & de la Republique, leur
escrire & faire entendre la volonté & intention de sa Maiesté & du conseil
d'estat sur le faict de leur charges &

manyemens :& generallement pour faire toutes autres lettres, commissions, & expeditions commandees par le Roy, arrestees, ou resolues au conseil d'estat ou des affaires, soit qu'elles concernêt le profit & vtilité publique ou particuliere, & priuee d'vn chacun. Lesquelles le plus souuent est requis & necessaire de tenir secrettes sans les diuulguer ny manifester à personne : & en cela consiste la principale charge & function de l'estat de Secretaire. Tellement qu'il en prend & tire sa propre denomination. Et si ce nom & tiltre de Secretaire s'estend encores plus largement qu'à l'endroict de ceux qui sont appellez aux affaires d'estat ou à receuoir les commandemens du Roy.

Ce n'est pas sans occasion, pource que ayant sa Maiesté communiqué vne grande partie de son autorité souueraine à mondit seigneur le Chancellier, & garde des seaux, de France, aux cours de Parlement, Chambres des Comptes, & autres iurisdictions souueraines de la France, qui au lieu du Prince cognoissent & iugent souuerainement de tous

proces, affaires & differens des subiects
de son Royaume, & du faict & raison de
ses finances. Il est bien aussi requis & necessaire qu'il y aye des personnages suffisans, & de la qualité requise pour entendre à receuoir les deliberations, aduis
& resolutions des Magistrats souuerains
& pour en faire apres les expeditions.
A ceste fin les Roys de France éleurent
anciennement certains notables personnages de grande suffisance vertu & ex-
perience, de louable renommee & tres-
aprouuee cognoissance & estimation
qu'ilz ordonnerent, creerent & nomme-
rent leurs clers, notaires & secretaires,
de la maison & couronne de France,
pour loyaument rediger par escript & ap-
prouuer par signature & attestation en
forme deuë, toutes les choses solennel-
les, & autentiques qui seront par eux faictes, commandees, ordonnees, consti-
tuees & establies. Ensemble les ar-
restz, sentences, & iugemens de leur
conseil des cours de parlement ou d'autres vsans soubz eux d'auctorité & iuris-
dictiõ souueraine, dont ils appellerent les

aucuns aupres de leurs perſonnes ſouz
le nom & tiltre de Secretaires d'Eſtat &
des commandemens pour eſcrire, ſigner
& expedier leurs plus grãds, plus ſecretz,
& importans affaires. Autres pour ſigner & expedier les commiſſiõs, roolles,
acquitz & mandemens, concernans le
faiᶜt & maniment de leurs financesſoubz
le nom & tiltre de Conſeiller du Roy, &
ſecretaires des leurs finances.& les autres
pour eſtre pres de mondit ſieur le Chancellier garde des ſeaulx de France, ou les
cours de parlement, grand cõſeil, Chancelleries ordinaires & autres vſãs d'autorité ſouueraine : pour expedier auſſi & ſigner les arreſtz, iugemens, lettres, cõmiſ-
ſions & autres prouiſiõs, qui ſont par eux
ordonnees ou decernees:conceues & expediees, ſoubz le nom & tiltre du Roy.
Ils ſont tenus & reputez pour domeſtiques de ſa Maieſté, & ont pluſieurs beaux
priuileges qui leur ont eſté donnez & cõ-
cedez par les Rois, leſquels encores pour
plus grand ornement & decoration de
leur college ſe ſont voulus faire du nombre chefz & ſouuerains d'iceluy.

B iiij

DES MAISTRES DES REQVE-
STES ORDINAIRES DE L'HO-
stel du Roy.

L E s maiſtres des Requeſtes ordinaires de l'hoſtel du Roy ſõt preſque ſeuls entre tous les autres officiers & magiſtrats de la Frãce, qui ont retenu le nom & tiltre de la magiſtrature, à laquelle appartient le vray exercice & adminiſtration de la iuſtice. Auſſi ne pourroiẽt ils eſtre appellez à plus grand charge, auctorité ny dignité qu'ils ſont demeurãs pres la perſonne du Roy, quãd il ſe preſente au peuple pour entẽdre les plaintes & doleances d'iceluy, prenãs & receuans les placets & requeſtes qui luy en ſont preſentees, & pareillemẽt au conſeil d'eſtat, aupres de mõdit ſieur le Chã-cellier & garde des ſeaux de France, pour rapporter & expedier ce qui depend & appartiẽt au fait de la iuſtice, ils ſeruẽt par quartier & outre ce qu'ils ſont du corps des courts de parlemẽt & premiers d'au-

ďorité & feance apres les prefidēs d'icelles. Ils ont encores vne chambre & audi-
toire à part dans le palais ou ils cognoiffent en premiere inftance par voye ordinaire & priuatiuement à tous autres des
proces & differens meus pour raifon du
tiltre des offices d'entre quelques perfonnes, & de quelque qualité d'office que ce
foit. Pareillemēt des caufes pures, perfō-
nelles o u poffeffoires des Confeillers des
requeftes ou leurs enfans, pendans les requeftes : & ce par vertu de leurs commit-
timus & non autrement : f'il y a appel de
leurs fentences & iugemens, il reffortift,
en la cour de parlement. Apres que lef-
dictz maiftres des requeftes ont feruy
leur quartier ils f'en vont faire leurs cheuauchees par tels endroits du Royaume
qui font de leur departement & executer
les autres commiffions de grāde importance qui leur font commifes par la Maiefté ou le confeil d'Eftat : ce-pendant reçoiuent & entendent les plainctes des
fubiects d'icelle. Remonftrant & admo-
neftant les courtz de parlement & autres
officiers & magiftratz de la iuftice, d'y

pourueoir par le deuoir d'icelle ils font
du tout leurs proces verbal qu'ils appor-
tent ou enuoyent au Roy & fondit côfeil
d'Eftat. Tiennent le feau aux châcelleries
ordinaires & le fiege prefidial ou du Bailly & Senechal & y prefident & expedi-
ent les caufes, pour la grâde charge pouuoir & autorité qu'ils ont au faiĉt & exercice & adminiftration de la iuftice.

DES INTENDANS DES
FINANCES.

Out ainfi que les maiftres des requeftes font ordonnez pour rapporter au Roy ou au côfeil d'Eftat & à mondit feigneur le Chancellier &
garde des feaulx ce qui depend & appartient au fait de la iuftice. Il eft de mefme
bien requis & neceffaire pour la grande
importance dôt font les finâces du Roy,
au bien, fouftenement & conferuatiõ de
fon eftat & de toute la republique qu'il y
ait de bôs, grâds, probes & excellẽs perfõ-
nages qui en ayẽt la charge & cognoifsãce. A cefte fin font côftituez & ordõnez
les intendans des finâces pour auoir l'œil

au mefnagement & par tous les lieux &
endroits ou elles paffent pour en faire
les eftats & en rendre raifon à fa Maiefté
à toutes heures & occafions qu'il eft requis. Toutes les lettres & prouifions concernans l'auancement dépêce, & maniement defdites finances, font par eux rapportees verifiees, & parafees par l'aduis &
autorité dudit côfeil d'eftat, ou des finãces côme les maiftres des requeftes font
celles de la iuftice. Tellement qu'eftans
les eftats & charges des vns, & des autres
prefque conformes & efgales, ie lés ay
voulu faire adherantes au corps de c'eft
arbre chacune du cofté de fon fubiect &
function particuliere.

DV GRAND PREVOST
DE L'HOSTEL.

Stant la cour du Roy grandement populeufe affiftee &
fuyuie des Roynes, Princes &
autres grands officiers de la
couronne Prelats, Ducs, Comtes, Barôs,
& autres grands feigneurs, Gentilshommes, Dames & Damoifelles, & perfon-

nages de toutes fortes & qualitez, tant regnicoles qu'eſtrangers. Il eſt bien requis & neceſſaire de la rendre fertile & abondante en viures & munitions. L'accommoder de logis, renger & policer auſſi toute ceſte grande ſuitte à vn deuoir de iuſtice. A ceſte fin eſt ordõné le grand Preuoſt de l'hoſtel du Roy, auec autorité iuriſdictiõ & cognoiſſance ſouueraine en tous cas de crimes, delicts, exces, & malefices, faits & cõmis à la ſuitte de la cour, & en ce cas il a accouſtumé d'apeller les maiſtres des Requeſtes, Conſeillers du grand conſeil, cours de Parlement & autres officiers de Iuſtice qui ſe trouuent ſur le lieu & ſont de la qualité requiſe iuſques au nombre determiné par les ordonnances du Roy, pour aſſiſter à ſes iugemens criminels & en cas ciuil du faict des viures, logis & generallement de toutes matieres & actions perſonnelles qui ſe peuuent mouuoir & introduire d'entre les courtiſans & ceux qui ſont de la ſuitte de la court ſ'il y a appel des ſentences & iugemens par luy donnez en matiere ciuile, il reſſortiſt au grand conſeil du Roy & non ailleurs.

DV BRANCHAGE

DE LA IVSTICE.

R venant maintenant aux branches & rameaux procedans du corps & gros tronc de cest arbre, qui sont diuisees principalement en deux parties & ministeres necessaires à la manutention, & conseruation de l'Estat de la France. Et sans lesquels il ne pourroit comme il a esté cy deuant remonstré, consister aucunemét, mesme que par la partie de la iustice, le Roy est estimé Roy, & regner par le deuoir & office d'icelle, Conioinctement auec les finances qui sont les nerfz, tendrons & vrais soustenemens de la Monarchie. Nous traitterons en premier lieu le fait de la iuſtice, repreſenté par le premier gros branchage qui eſt à coſté droit du tronc. Mais auant que paſſer plus outre à la deſcription d'iceluy, & de ſes dependances pour le grand nombre d'officiers, de ſieges & iuriſdictions qu'il y a en la France: repreſentez par les petits branchages & rameaux: il eſt beſoin en premier lieu, d'entendre la difference d'icelles, dont les vnes ſont generalles comme celles des Baillifz, Senechaux, Iuges, immediatz: & des Preuoſts, Iuges Royaulx, ordinaires & ſubalternes, pour cognoiſtre de toutes ſortes de cauſes, actions & matieres, de quelque nature & qualité quelles ſoyent: ciuiles, ou criminelles, perſonnelles, reelles, petitoires, poſſeſſoires ou mixtes, & autres quelſconques generalement entre quelque ſorte & condition de perſonnes qu'elles ſoient, ou puiſſent interuenir: tant en demandant qu'en defendant, ſans autre exception, ny difference que celle qui eſt compriſe & ſpecifiee en leurs chapitres particuliers.

Les autres sont speciales & restrainctes,
octroyees comme par priuilege & benefice particulier à certaine qualité de personnes : ou pour consideration de certaine qualité de matieres & valeur, desom-
mes de deniers. Hors desquelles les Iuges sur ce ordonnez & deleguez, ne peuuent prendre ny pretendre aucune iurisdiction, ny cognoissance, ny pareillemēt
des causes & matieres qui pourroient estre de leur competence si elles ont esté
preuenues & contestees deuant les Iuges, qui sont de la premiere difference.
Il y a encores vne autre difference des-
dicts sieges & iurisdiction tres conside-
rable.

A sçauoir que les vnés sont ordonnees
pour cognoistre en premier instance
seulement desdites causes & proces : Les
autres pour en cognoistre par appel suy-
uāt le benefice de droict, immediatemēt
ou subalternement, & souuerainement,
comme il sera cy apres remonstré & fait
entendre particulieremēt, en discourant
par l'ordre de l'assiette, la nature & facul-

té de chacun defdictz brãchages, qui appartiennent à la iurifdiction l'aye & feculiere. Car quantà l'Ecclefiaftique qui eft
de la difcipline des fuppofts & Miniftres
del'Eglife, de la cognoifsãce desSacremẽs
& autres chofes purement ecclefiaftic-
ques. Les Euefques, Archeuefques, ou
deleguez de noftre fainct Pere, font ordonnez pour en cognoiftre & decider.
Parquoy retournantà noftre propos qui
eft de l'autorité & iurifdiction royalle &
feculiere : feulement nous commencerons à la cour fouueraine de parlement,
reprefentée par ledit premier gros branchage.

COVR SOVVERAINE
DE PARLEMENT

'Eft le principal confiftoire
du prince, grand Tribunal
premier & capital de la pro-
uince, ou il eft inftitué pour
adminiftrer la iuftice à vn
chacun par equité, moderant la rigueur
de la loy felon le temps & la matiere &
la qualité

la qualité des perſõnes:comme les Roys
auoient anciẽnemẽt accouſtume de faire,quand ils tenoient leurs parlemens a-
uec les Pairs de France,ayant depuis ad-
uiſé pour la grande affluance de cauſes
& matieres qui venoient deuant leurs
Maieſtez,de leurs parlemens qui eſtoiẽt
au parauant ambulatoires, à leur ſuitte,
les faires ſedentaires en certains lieux,
comme à Paris,&Toulouze & apres aux
autres lieux, ou ils ſont dõnez & les for-
mer&eſtablir en corps de cour,autorité
& iuriſdiction ſouueraine & en meſme
denomination de parlement,compoſez
des Pairs de France, & d'vn bõ nombre
de Preſidens, Conſeilliers, Aduocatz,
Procureur general, Greffiers, Huiſſiers,
& autres officiers & Miniſtres deIuſtice,
à ce requis & neceſſaires. Sa Maieſté ſied
en iceux,quãd il luy plaiſt d'y venir pour
tenir ſoh lict de iuſtice.Ses edicts,ordõ—
nances ,& conſtitutions tant generalles
que particulieres, ſõt verifiees, publiees,
& regiſtrees, eſdites cours repreſentãt le
príce biẽ cõſeillé,& par elles modifiees,
amplifiees par maniere d'interpretatiõ,

C

ainſiqu'elles cognoiſſent eſtre à faire, ou
bię ſont faites au cõtraire des remõſtrã-
ces au Roy pour y pourueoir, & iuſques
alors n'õt effect en leur reſſort. Elles cognoiſſent chacune en ſon reſſort en premiere inſtãce, & ſouueraineté des cauſes
du Domaine, & droits du Roy, des Regales & autres ou le Procureur general
de ſa Maieſté eſt principale partie. Des
cauſes des anciens Pairs de France, &
de leurs terres tenues en pairies, & auſſi
des cauſes des Princes, Prelatz, Chapitres, Ducs, Marquis, Comtes, Barõs, villes, communautez, & autres qui par priuileges ou ancienne couſtume y ont eſté
traictees. Et par appel des ſentences, &
iugemens donnez par les ſieurs des Requeſtes de l'hoſtel & du Palais, par les
baillifz, Seneſchaux, Table de marbre,
maiſtre des portz, bource des marchãs&
autres Iuges immediatz quelcõques ou
des Baillifz, Preuoſtz, viguiers & autres
Iuges royaux ſubalternes, eſtãs commiſſaires royaux, ou des Iuges & officiers
des ſeigneurs iuriſdictionelz pour le regard des criminelz condamnez à peine

corporelle& note d'infamie.Et encores
desIugesEcclesiastiques en cas d'abus&
contrauentiõ aux sainctz decretz, & cõ-
stitutions canoniques & ordonnances:
Comme aussi pareillement en casd'abus
d'aucuns autres Commissaires & deleguez par nostre sainct pere, ou le sainct
siege Apostolique,ou par le Roy, & mes-
sieurs de sõ cõseil d'estat.Lesquelles causes soit de premiere instãce ou d'apel sõt
terminees esdictes cours par arrest & iugement souuerain & cõtre iceux aucun
ne peut venir qu'en mesme court ou ils
ont esté donnez & ce par requeste ciuile
ou proposition d'erreur seulement,dont
elle cognoist,comme aussi pareillement
des autres instances d'erreur proposees
contre les iugemens donnez en souueraineté,par aucũs commissaires deputez
par le Roy chacũ en son ressort. Et pour
contenir au debuoir qu'il appartiẽt tous
les officiers d'icelles sont ordonnees les
mercurialles ainsi nommees à cause du
iour de mecredy qu'on a accoustuméles
tenir vne fois le mois à la poursuitte &
diligence du procureur general du Roy

pour traicter des fautes & abuz par eux
commis & autres choses concernans le
faict desdites cours,dont le Roy:ou mõdit sieur le Chãcellier & garde des seaux
doit apres estre aduerty de trois moy;
en trois moys,pour y pouruoir cõuena-
blement à l'hõneur & auctorité de la iu
stice les Pairs de France, sont du corps
& premiere institutiõ d'icelles. Les
Princes, Archeuesques, Euesques y assi-
stent les iours de parlement.L'ordinaire
d'icelle commence au l'endemain de la
sainct Martin d'hyuer & finit de tous
poins la veille nostre dame de Septẽbre.
Tellement qu'il y a deux mois entiers de
vacation,pendant lesquels est ordonné
seoir vne chambre composée d'vn Presi-
dent & de nombre competant de Con-
seilliers qui sont volõtiers des plus anciens à leur option toutesfois, pour iuger
principalement les proces criminels &
de police qui est la principale cause pour
laquelle lesdites chambres sont ordon-
nees:car en matiere criminelle & politi-
que n'y doit auoir cessation de iustice.
Et apres lesdits proces criminels des

caufes & proces ciuils.dõt la valeur n'ex-
cede cent liures parifis de reuenu pour
vne annee mil liures pour vne fois, & en
benefice iufques à deux cens liures parifis. Quant il plait au Roy de faire tenir
les grãds iours(chofe plus neceffaireque
accouftumee) ils font par luy ordonnez
es lieux du reffort defdites cours, ou il
eft plus de befoin & que les gens du pays
le requierent, A cefte fin y font enuoyez
& commis par fa maiefté des prefidens
& cõfeilliers d'icelles en nõbre fuffifant,
lefquels durant leur feance (qui fe faict
volõtiers durãt le temps defdites vacations) cognoiffent tant en premiere inftance que par appel de tous crimes &
malefices commis en leur deftroit. Des
fautes,abuz & maluerfatiõs des officiers
des lieux:Leur dõnẽt reglemẽt & pour-
uoyent au faict de l'adminiftration de la
iuftice, des Hofpitaux, Eglifes, mona-
fteres & autres euures pies.Et en matiere
ciuile dés caufes n'excedans la valeur de
cent liures tournois pour vne fois, & de
deux cens en benefice. A prefẽt encores
à caufe de l'Eftat du tẽps & de la diuer-
fité des religions Catholique & preten-

due reformee & pour vn bien de paix.
A esté ordonné vne chambre separee
composee de presidens & Conseillers
à ce commis & depputez par sa Maiesté pour cognoistre iuger & decider
souuerainement, & par arrest de toutes
causes proces & differens ou lesdictz
de la religion sont parties, pourueu
que ce soit sans fraulde & qu'ils en
ayent vrayement fait profession, quatre
mois auant le commencement & o-
rigine du proces.

DE LA CHAMBRE DES RE-
QVESTES DV PALAIS.

PAr l'institution de la cour de
Parlement encores, & en la
faueur des Officiers domesti-
ques de la maison du Roy, des
cours de Parlemet, Châbre des Côptes,
&autres de magistraturesouueraineactu-
ellement seruans: est ordonnee vne châbre qui est du corps de ladicte cour de
parlemet composee de presidens, & certains nombre de Conseillers appellée la
chambre des Requestes du Palais, pour

cognoiſtre en premiere inſtance de toutes les cauſes perſonnelles & poſſeſſoires
deſdicts officiers domeſtiques deſdictes
cours ſouueraines, & autres perſonnes
priuilegees, affin que pour la pourſuitte
d’icelles en diuerſes autres cours & iuriſdictions ils ne ſoient diſtraictz de
l’exercice de leurs charges, eſtatz, offices, & dignitez, Et ce tant en demandant que defendant par vertu de leurs
lettres de commitimus, & dans l’an de
l’octroy d’icelles & non autrement.S’il y
a appel de leurs ſentences, & iugemens
il reſſortiſt en la cour de parlement. Et
combien que ceſte iuriſdiction ſoit re-
ſtraincte & limitee aux perſonnes & in-
ſtances ſuſmentionnees, d’euſt ſuiure la
deſcriptiõ de la generalle; Neantmoins
d’autãt qu’elle eſt du corps de la cour de
parlement, pour l’honneur & autorité
d’icelle elle a eſté cy deſcripte.Remettãt
au bon iugemẽt & diſcretion du lecteur
ſans ſeparer le corps de diſcerner & renger en ſon lieu, l’office des mẽbres d’iceluy ſuyuant les precedentes differences
de iuriſdiction.

C   iiij

Quant à la chambre des Requeſtes
de l'hoſtel, l'auctorité & iuriſdiction
d'icelle, eſt cy deuant deſcripte au chapitre des maiſtres des Requeſtes de l'hoſtel du Roy, qui en ſont les naturels
Iuges.

DES BAILLIFS SENES-
CHAVX ET AVTRES IVGES
Immediats.

Il a eſté dit cy deuant au chapitre de la cour de parlement,
faiſant la premiere difference
des ſieges & iuriſdictions, que
il en y auoit aucunes qui auoiét cognoiſſance generalle de toutes cauſes & matieres entre quelques perſonnes que ce
ſoit, qui ſont celles qui ſont cópriſes en
ce premier branchage procedant de ladite cour de parlement, qui eſt des Baillifs, Seneſchaux, & autres iuges immediatz, dont il ſera premierement parlé &
apres conſequemment de tous les autres
rameaux qui dependent d'iceluy branchage. Ou encores qu'il s'y trouue quel-

ques iurifdictions particulieres & limi-
tees.Toutesfois pour traicter du tout en
fon rang, & ordre, il les a fallu entremef-
ler auec les generalles. Parquoy demeu-
rera à la difcretion & iugement du Lecteur,de difcerner les vnes des autres.Et
pareillement celles qui font de la fecon-
de difference qui a efté cy deuant pro-
pofee, Afçauoir celles qui cognoiffent
en premiere inftance,& par appel immediatement ou fubalternement.Quant à
la fouueraineté elle a efté expediee au
chapitre de la cour de parlement. Excepté de la iurifdiction prefidiale qui eft
auffi de dernier reffort és cas à elle at-
tribuez,de laquelle fe trouuant du corps
des fieges immediats des Bailliages,&Se
nefchaucees du prefent chapitre ferafait
mention par la continuatió d'iceluy.Et
pareillement de tous les autres rameaux qui appartiennent & procedent dudit branchage particulier, auant qu'en-
trer à la defcription des autres qui procedent de la cour de parlement,qui font
des iurifdictions fpeciales, reftrainctes&
limitees feulemét. A cefte caufe retour-

nant aux sieges & iurifdictions defdicts
Baillifs, & Senefchaux: Ils font les vrays
& naturels iuges des prouinces, ou ilz
font ordonnez, & conftituez, appellez
Prefidens de prouince. Ils doiuent eftre
gentilshommes, exercer leurs eftats en
robe courte. Mais affiftez & accompa-
gnez 'd'vn homme de robe longue en
qualité de iuge qui exerce la iuftice cõ-
tentieufe fondé en fpeciale iurifdiction
& cognoiffance en premiere inftance de
toutes les caufes du domaine du Roy. De
bailler & deliurer les fermes d'iceluy appellez le procureur de fa Majefté & le
receueur ordinaire. Appeller & conuo-
quer le ban & arriere ban, fuyuãt les mã-
demens & commiffiõs du Roy, fur ce decernees. De cognoiftre auffi de la verification des hommages des vaffaux & des
lettres de fouffrance & de cõfortemain
par eux impetrees & obtenues pour raifon des fiefs tenuz & mouuans d'eux.
De la reception des foy & hommage par
main fouueraine, les cas efcheans & de
tous autres differens à caufe des fiefz nobles & hommages, foit en action perfon-

nelle, hypothecaire, reelle, mixte & dépē-
dant de realité, de toutes caufes & matieres perfonnelles des nobles noblemēt
viuans & des criminelles, efquelles ils
font defendeurs, la dation de tutelle &
curatelle, Bail & gouuernemēt, confection d'inuentaire des biens des mineurs, & perfonnes nobles, de partage
& fucceffion vniuerfelle entre perfonnes nobles, ores qu'il y ait partie des
biens roturiers des caufes & matieres
des Eglifes qui font de fondation Royalle, efquelles aurōt efté octroyees lettres
de garde guardienne & non autrement.
De toutes caufes & matiere beneficiales
de la verification des lettres de chartres
edictz, foires, & marchez, affrāchiffemēs,
lettres de remiffion, abolition, pardon,
r'appel de ban : tant des cas dōt les iuges
inferieurs auroient eu cognoiffance que
autres. Auffi quand aucuns biens contē-
tieux feront affiz en diuerfes iurifdictiōs
inferieures de leur reffort & generalemēt
de tous crimes de leze maiefté & par appel des fentences & iugemens donnez
par les Preuoftz & autres iuges royaux

ſubalternes pour en cognoiſtre & dire
ſ'il a eſté bien ou mal iugé ſeulemēt. Rē-
uoyer la matiere ſansla retenir, ſinō pour
le regard de la iuriſdiction preſidiale cōme par le chapitre prochainemēt ſuyuāt
ſera plus amplement declaré. De toutes les autres qui ſōt traictees en l'ordinaire deſdits bailliages & ſeneſchaucees
ſ'il y a appel il reſſortiſt en la cour de parlement.

DES IVGES PRESIDIAVX

Our l'abbreuiation de la iuſtice & ſoulagement du peuple
qui anciennement recou-
roit en ladite cour de parlement pour des matieres de
petite importance, que l'on eſtoit con-
traint de quiter bien ſouuent pour la
longueur de la pourſuitte, & les grands
fraiz qu'il conuenoit faire. Ont eſté e-
ſtablies, & ordonnees, les iuriſdictions
preſidiales, & ſieges deſdits Baillifs, & Seneſchaux, pour cognoiſtre & iuger ſou-
uerainement & ſans appel de toutes cau-

fes, procez, & matieres ciuiles, (excepté du domaine , eaux, & forefts du Roy) n'excedans la valeur de deux cens cinquante liures, pour vne fois, & de dix liures tournois de rête ou reuenu annuel, & des dépens procedans á caufe defdits iugemens à quelque fomme qu'ils puiffent monter. Et par prouifion des caufes, n'excedãs la valeur de cinq cẽs liures pour vne fois, & vingt cinq liures tournois de rente ou reuenu annuel, & dépẽs cõme deffus executez, nonobftãt l'appel qui n'a effect fufpenfif, ains le deuolutif feulemẽt, en baillant toutesfois caution par celuy qui aura obtenu : ou fe conftituant achepteur des biens de iuftice. Ilz font ordonnez auffi pour cognoiftre de la competence ou incompetence de la iurifdictiõ & cognoiffance des Preuoftz de Marefchaux. Et combiẽ que ce ne foit qu'ũ mefme fiege de iuftice auec les Baillifs, & Senefchaux, & qu'ils foyent mefmes officiers-Neantmoins pour la difference de la iurifdiction fouuẽraine & ordinaire ils intitulent les actes & expeditions ordinaires par le nom du Bailly, ou

Seneschal & les autres par ce tiltre : les gens tenans le siege presidial.

DV LIEVTENANT
CRIMINEL.

 Vant à la iurisdiction criminelle, il y a vn lieutenāt criminel du Bailly, ou Seneschal qui faict vne chābre à part pour auec les lieutenant particulier, & autres cōseilliers & magistrats du siege qu'ils peuuēt apeller selon le poix & grandeur des causes, cognoistre, iuger & decider priuatiuement au lieutenant ciuil & à tous autres (excepté & reserué, toutesfois la iurisdiction ordinaire des inferieurs ou il ne doit entreprendre sinon en cas de negligence & dissimulation notoire) de tous crimes, delictz & malefices qui seront faictz & commis au bailliage, ou seneschaucee, siege & ressort ou ils sont establiz, & dont la cognoissance luy est attribuee par l'ordonnance. S'il y a appel il ressortist en la cour de parlement com-

me des autres caufes & matieres procedans dudict bailliage & Senefchaucee:
excepté quant aux voleurs, guetteurs de
chemins, facrileges & faux mõnoyeurs,
dont ils peuuẽt cognoiftre preuoftable-
ment & fans appel par preuention ou
concurrence & cumulatiuement fi bon
leur fẽble, auec lefdits preuofts de Marefchaux. A cefte fin en plufieurs defdits,
bailliages & fenechaucees, au lieu des preuofts prouinciaux d'icelles qui auroient
efté fupprimez y auroiẽt efté creez & efta
bliz des lieutenãs criminels de robe courte, auec archers & famille : & le mefme
pouuoir & auctorité qu'auoient lefdicts
preuofts de Marefchaux prouinciaux.
Ledict Iuge, & Lieutenant criminel, a
encores iurifdiction fur les Iuges prefidiaux en cas qu'ils adiugeaffent aux gre-
fiers ordinaires, les actes appartenans au
grefier d'appeaux. Pareillement ou ils feroient en dificulté par la diftributiõ des
proces, le Lieutenant criminel la pourra faire.

DV CONSERVATEVR
DES PRIVILEGES DES VNI-
uerſitez.

LA faueur de l'eſtude, eſt telle pour les ſuppoſts des Vniuerſitez, qu'ils ont vn Iuge peculier appellé conſeruateur de leurs priuileges, qui eſt auſſi du corps du ſiege des Baillifs, & Seneſchaux, ſ'il en y a au lieu ou l'Vniuerſité eſt inſtituee. Sinon auec ſon lieutenant & autres officiers, tient ſa iuriſdictiõ & cognoit de toutes cauſes & querelles deſdits ſuppoſtz des Vniuerſitez, tãt à cauſe de leurs benefices que patrimoines & autres leurs droits eſtans au dedans les reſſorts des cours de parlement, ou ſont leſdites Vniuerſitez & à quatre iournees d'icelle,& non de plus outre.Nonobſtãt quelques indultz, euocations generales & renuoys faicts en autre lieu, des cauſes des benefices eſtans à l'ordinaire prouiſion ou preſentation d'aucun Cardinal, ou d'autre ayant ſemblable priuilege.

Pourueu

Pourueu toutesfois que tãt lefdites caufes des benefices, & autres matieres ciuiles, ou perfonnelles d'iceux efcoliers,
n'ayent efté côteftees par deuant autres
Iuges. Auffi eft leur iurifdictiõ reftrain-
cte des excés commis és prouinces, &
diocefes par gens d'Eglife, eux difans
fuppoftz des Vniuerfitez.Des confirma-
tion ou infirmation des elections. Des
matieres de mariages, de diuorce, admi-
niftratiõ des facremens.Hofpitaux & autres lieux pitoyables.Reddition de compte d'iceux. Correction de religieux &
autres gens d'Eglife. Appellation des
Iuges ordinaires d'Eglife.D'octroyer aucunes monítiõs generales en forme de
malfaicteurs.D'abfoudreaucunes perfõ-
nes à cautelle n'autrement touchant les
matieres deffufdites, fans que pour le regard d'icelles ladite iurifdiction puiffe
eftre prorogee n'y aprouuee par les parties ou leurs procureurs à peine de nulli-
té.Si la iurifdiction du côferuateur eft au
fiege du Senefchal, ou Bailly, prefidial il
iuge en fouuraineté & par prouifiõ és cas
de l'édit de l'erectiõ desiuges prefidiaux.

D

Si elle eſt ſeparée eſdits cas de l'edit,
l'appellatiõ deuoluera deuant les iuges
preſidiaux, au reſſort deſquels l'Vniuerſité ſera aſſize, & és autres cas en la cour
de parlement, comme d'ancienneté.

DES PREVOSTS ET AVTRES
IVGES ROYAVX SV-
balternes.

ES quatre chapitres prochai-
nement precedens, ſont tous du
corps des ſieges des Baillifs, Seneſchaux & iuges immediats: Et encore que ils ayent differentes functions
& auctorité. Neantmoins comme il a
eſté dit particulierement par le premier
deſdits chapitres, ils ont la iuriſdiction
ordinaire & generale pour cognoiſtre
de toutes cauſes & matieres, ſingulierement pour le fait de la nobleſſe, & les
choſes noblement tenuës, tout ainſi
comme pour le peuple. Il y a d'autres
Iuges royaux ordinaires & generaux,
qui ſont les Iuges royaux ſubalternes
és lieux & reſſorts ou ils ſont eſtablis

& ordonnez dans les deſtroits deſdits
bailliages & feneſchaucees, en aucuns
lieux appellés Baillifs, en autres lieux appellez Preuoſts, Chaſtelains, Viguiers,
Vicomtes, Allouez. Et ainſi differem-
ment de diuers noms & appellations, ſelon la diuerſité des pays & prouinces, ou
ils ſont eſtablis, qui les a ainſi appellez.
Ils ſont fondez en ſpecialle iuriſdiction & cognoiſſance en premiere inſtance de toutes cauſes, proces & matieres faictes par execution en vertu de
lettres de debitis & ſauuegarde obtenues és chancelleries. Recognoiſſance
de cedules, prouiſion, main garnie &
principal dépendant d'icelles. Dation
de tutelle & curatelle, bail & gouuernement. Confection d'inuentaire des perſonnes roturiers & non nobles, partage
d'heritage & ſucceſſion vniuerſelle
d'entre non nobles. Des matieres
reelles pour raiſon d'heritages roturiers & non nobles, ores que les perſonnes contendās ſoient nobles. Des cauſes
& matieres des Egliſes, auſquelles ne ſeront octroyees gardes, gardiēnes & gene-

D ij

rallement de toutes autres caufes & matieres ciuiles, perfonnelle, reelles mixtes
de crimes & delictz dõt cy deffus au cha
pitre des iuges immediatz n'eft faicte
mentiõ: tant ordinairement (comme dit
eft) que par vertu d'aucunes lettres de re
lief, refcifion ou autres obtenûes aux
chancelliers Attributiues, excitatiue, ou
autrement en quelque maniere que ce
foit. Et par appel des caufes ciuiles des
iuges inferieurs ordinaires des feigneurs
iurifdictionels & vaffaux du Roy qui sõt
dãs leur reffort & deftroict. Cognoiffent
pareillement du fait de la police. Reception de ferment des maiftres des me-
ftiers iurez & de tous autres proces & differens procedans à caufe de ce. Excepté
quãt aux Ducs, Comtes, & autres qui par
priuilege ont en leur iurifdiction pour
cognoiftre des appellations de leurs officiers ordinaire des iuges d'apeaux: dõt
les appellations reflotiffent néuement
par deuant le bailly ou feneschal imme-
diat. Auffi quant au fait de la police aux
villes & lieux ou il y a des gouuerneurs,
confuls & efcheuins: aufquels par priui-

lege special à eux octroyé en appartient
la cognoissance. Les appellatiõs interiet-
tees desdits Iuges royaux subalternes
deuoluent pardeuant les Baillifs, Seneschaux & autres iuges immediatz & presidiaux, pour estre és cas de l'edit iugées
presidiallement. Et ou il n'y auroit iuges
presidiaux en la cour de parlemēt neue-
ment, esdits cas presidiaux: comme aussi
pareillement quand ils sont executeurs
de lettres & commissiõs du Roy. Arrests
de ladite cour, ou autres souueraines
dont l'appellation deuoluera au com-
mettant.

DE LA CONCVRRENCE
D'ENTRE LES IMMEDIATS
& subalternes.

ES submissiõs par deuãt eux
faites respectiuemēt: qui sera
au choix du creãcier poursui-
ure pardeuãt celuy desdits iu-
ges qui bõ luy sēblera, & de toutes autres
parties ayãs obtenu lettres de chãcelle-
rie, des parlemēs, Requestes du Palais &
autres addressans au prochai iuge royal,

des matieres de refcifiõ, nullfté, reftitutiõ
en entier, & de toutes auftres lettres obtenues aufdites chancelleries fuyuant
l'adreffe d'icelles, & pareillement des
matieres poffeffoires de nouuelleté que
les demandeurs & complaignans pourront intenter pardeuant celuy defdits
Iuges qu'ils voudrõt ou ferõt r'enuoyez.
Excepté quant aufdits nobles qui ont
leurs caufes commifes pardeuant les immediats. Auffi quãd il fe fera afsëblee generalle pour pouruecoir au fait de la police des villes efquelles y a fiege prefidial.
Les Iuges prefidiaux y affifterõt, prefide-
ront & conclurrõt, receurõt le fermët &
procederont à l'inftitution des gouuerneurs, Cõfuls, & Efcheuins defdites villes.

DES OFFICIERS ORDI-
NAIRES DES SEIGNEVRS
hauts iufticiers.

Nciennement les Duchez,
Marquifats, Comtez, Vicom-
tez, Baronnies, qui font en la
France, eftoient baillees par les
Rois, à plufieurs grands feigneurs qui

estoient pres de leurs Maiestez en tiltre d'office & dignité seulement. Et
depuis leur ont esté infeodées & bail-
lées à perpetuité auec toute l'autorité &
iurisdiction haute moyēne & basse, mere & mixte, empire & puissance sans autre chose y retenir ny reseruer par leurs-
dites Maiestez que les foy & hommage.
La cognoissāce des cas royaux, & de l'ap
pel en cas de ressort & souueraineté. Tellement que pour le regard de l'exercice
& distribution de la iustice ordinaire en
premiere instance soit en matiere ciuile
ou criminelle, elle appartient ausdits
Ducz, Marquis, Comtes, Vicomtes, Ba-
rons & autres seigneurs directs & iurisdi-
ctionelz. Laquelle neātmoins ils sont tenus de recognoistre du Roy à cause de sa
courōne & de luy en faire foy & hōmage.
Pareillement de s'armer & equiper en
guerre pour la tuition & defence de
sa personne, de son estat & soustenemēt
de la couronne de France toutes & quā-
tesfois qu'il en est besoin & qu'ils sont à
ceste fin mandez & conuoquez par la
forme du ban & arriereban, ce faisant ils

ne peuuent ny doiuent eſtre aucunemḗt
troublez, ny empeſchez, ny les officiers
par eux cṓmis & ordonnezen l'exercice
de ladite iuſtice ordinaire, ciuile ou criminelle au deſtroit de leurs fiefz, terres,
& ſeigneuries. A ceſte fin ſont tenus d'a-
uoir iuges & officiers pour adminiſtrer
la iuſtice à leurs ſubiets,en toutes cauſes
& proces ciuils & criminels, ſelon la iuriſdiction haute, moyenne ou baſſequ'ils
en ont: tout ainſi que font leſdits iuges
royaux inferieurs excepté comme dit
eſt cy deſſus,en cas de reſſort.Des matieres de reſciſion, nullité, reſtitutiṓ en entier & autres, ou l'on n'eſtreceu que par
priuilege, benefice & impetration du
prince.Pareillement deport d'armes, &
crimes de leze Maieſté diuine,& humaine, dont la cognoiſſance appartiḗt aux
Iuges royaux, Toutefois les Pairs de Frāce & terres tenues en pairie. Les princes
de Frāce, és terres qui leur ſṓt bailleeſen
appanage,& autres qui ont priuilege de
cognoiſtre par leurs iuges&officiers deſdits cas royaux, ne ſont ſuiects à ladite
exception.S'il y a appel des ſentences &

iugeméts desdits officiers ordinaires, il
ressortist par deuant les iuges royaux subalternes, chacun en son ressort, & non
ailleurs obmettant le moyen.

DES ESCHEVINS CAPI-
TOVLZ CONSVLS, MAIRES,
Iurez & Scindics des villes.

Ls sont officiers annuels crées,
& instituez par electiõ des habi-
tãs de leurs villes, selon des formes particulieres d'vne chacune d'icelles. Ils ont pouuoir & autorité, de procurer & pouruoir au fait & police desdires
villes & d'ē iuger eux mesmes en aucuns
lieux par priuilege particulier. Le fait de
la police s'estend sur les viures & munitions, necessaires pour la vie & alimét des
habitans en general de leur ville, sur les
maistres des mestiers à ce que chacũ face
l'ouurage qu'il appartient. Que les poix
& mesures soient raisonnables & legiti-
mes. Les rües nettes, les portes de la ville
fermées quand besoin est, & autrément

doiuent auoir l'œil, vigilance & intendance à tout ce qui appartiét generallement & vniuerſellement au bien, profit,
vtilité & conſeruation de leur ville. S'ils
iugent & y a appel de leurs ſentences, il
reſſortiſt comme celuy des iuges & officiers des ſeigneurs qui eſt pardeuant les
iuges royaux ſubalternes. Quāt aux maiſtres des meſtiers, ils n'ont point de iuriſdiction contentieuſe.   Mais quand il eſt
queſtion de quelque fait de leur ouurage, ils ſont ordonnez pour en faire viſite
& leur rapport qui eſt ſuiuy par les iuges
de la cauſe.

DES NOTAIRES ROYAVX.

N continuant ce petit branchage & les rameaux qui en
dépendent. Il m'a ſemblé ne
deuoir obmettre d'y cōprē-
dre les notaires Royaux, & qu'ils ne ſont
hors du ſubiet qui ſe preſente qui eſt
de parler de tous les officiers & miniſtres
qui ont deux meſmes quelque pouuoir
auctorité & iuriſdiction comme l'on la

recognoiſt clairemёt à l'endroit deſdits notaires qui ſont perſonnes publiques, & ont iuriſdiction volontaire pour lier, ſoubmettre & obliger indifferemment toutes ſortes de perſonnes, qui negociёt ou contractent entre elles de quelque choſe que ce ſoit, pourueu qu'ils ſoient capables à cõtracter que ce ne ſoit contre les bonnes mœurs, l'autorité du Prince, & le bien & vtilité publique. De toutes autres choſes, qui ſont au commerce des hommes, il eſt permis & licite de cõtracter qui ne ſe peut faire pour audin action parce, que pardeuant notaire royal qui prёd & reçoit la ſtipulatiõ & les promeſſes reciproques des parties, les fait ſoubsmettre par ſerment & a direction de peine pecuniaire quelquefois de garder, obſeruer & accõplir le contenu de leurs contracts & conuentions. Sur leſquels apres ſõt fondez les iugemёs de tous les proces & differens qui enſuruiennёt ſils ne ſont debatus & impugnez de faux.

A ceſte fin & pour en euiter tout ſoupçon & leur bailler ordre & reglement ils ſont inſtituez par le Roy & ordõnez par

villes, lieux, iurifdictions, & paroiffes en
nombre determiné, doiuent cognoiftre
les parties côtrahans, ou en eftre deue-
ment certifiez, les doiuent inftruire &
aduertir de leurs faits, fi font perfonnes
ignorantes. Leur faire declarer & expri-
mer les fiefs, cenfiues, & autres charges
à quoy feroient tenus les heritages ce-
déz, le lieu iurifdiction & fiege royal ou
ils feront fituez: dont ils feront mention
efdits contracts qu'ils regiftreront & in-
fereront au long en leurs liures & proto-
colles, & figneront au pied de chacune
minute par ordre. Les feront figner aux
parties contrahans, & aux tefmoins s'ils
le fçauent faire. Ne communiqueront
les contracts fors aux contrahans, leurs
heritiers fucceffeurs, & ayans caufe, ny
apres auoir expedié chacune des parties
vn contract & inftrument, en pourront
expedier aucun autre que ce ne foit par
autorité de Iuftice, parties ouyes. Ny
pareillement des proteftations, requifi-
tions & autres actes qu'ils receuront deuant aucuns Prefidens, Confeilliers, &
autres vacans au fait de quelque com-

miſſion, ſans les auoir prealablement cō-
muniquez auſdits commiſſaires pour les
cōferer auec leur procés verbal. En tous
leurs actes appelleront deux teſmoings,
pour le moins. Et ſ'ils ſont deux notaires
à receuoir vn meſme contract, cotterōt
au dos de l'expedition d'iceluy le notaire qui en aura fait le regiſtre, pour y a-
uoir recours. Le rout à peine de faux.

DE LA CHAMBRE DV
TRESOR.

Vſques icy nous auons pourſuiuy les magiſtrats & officiers qui
ont l'autorité & iuriſdictiō generalle ſuyuant la premiere difference, dont nous auons fait mention
au chapitre de la cour de parlement, &
pareillement ſuyuant la ſeconde difference, de ceux qui ont cognoiſſance de
l'appel ſoit en ſouueraineté immediatement ou ſubalternement. S'il en y a aucuns de ceux qui ſ'enſuyuent qui en ayết
quelque particuliere cognoiſſance il en
ſera parlé en leur chapitre dōt le lecteur

se tiendra pour aduerty. A present nous
parlerons des autres magistrats & officiers qui ont particuliere cognoissance,
restrainte & limitee de personnes, de matieres ou valleurs. Et commencerons a la
chambre du tresor qui est dans le palais
non du corps de la court toutesfois. Laquelle anciennemēt cognoissoit en premiere instāce de tous les affaires proces
& differēs concernās le fait & domaine
du Roy generallemētpar tout le ressort
de la cour de parlement. Depuis en consideration des Baillifs, Seneschaux & autres iuges immediats qui sont sur les lieux, & ont mesme cognoissance lestēdue
ressort & iurisdiction de ladite chambre
du tresor, a esté restrainte és fins & limites de la Preuosté, & Vicōté de Paris,
Bailliages de Senlis, Melun, Brie-côtero-
bert, Estapes, Dordā, Māte, Meulā, Beau-
mōt sur oise, & Crespy en Vallois seulemēt: Et instituee pour cognoistre en premiere instācedu fait du domaine du roy,
criees faites pour raison d'iceluy & des
dismes infeudees priuatiuement aux
Preuosts, Baillifs, & iuges des lieux dessus

ditz. Sauf de faire la saisie & main mise sur
les biẽs des aubains & autres droits du
domaine. Les tresoriers de France pre-
sident en ladite chambre, cõme ils sont
aussi pareillement aux bureaux du domaine és Bailliages, & Seneschaucees, ce
que se doit à present referer aux bureaux
generaux des finances, & d'vn chacun
en sa charge & generalité. L'appellation
de ladite chambre du tresor si elle y es-
cheoit deuolue en la cour de parlement

DE LA TABLE DE

MARBRE.

I L y a encores dans la salle du
Pallais à Paris & en la table de
marbre d'autres iurisdictions
particulieres : l'vne en faueur
de la militie qui est la iurisdctiõ de la Mareschaucee de France, l'autre en la faueur de la marine qui est celle de l'admirauté: Et pour le regard des eaux & forests du Roy, la grand maistrise desdites
eaux & forests, auec des officiers & magistrats distincts & separez pour cognoistre à sçauoir est en la mareschaucee.

DE LA CONNESTABLIE
ET MARESCHAVCEE DE
France.

DE tous excez, crimes & delicts commis par les gens d'armes, ou qui leur ont esté faits respectiuemēt : tāt en allant que reuenant du camp, ou garnison, des prisonniers de guerre, rançons, butins, contre les splorateurs, proliteurs, transfuges & deserteurs militaires. Semblablement des actiōs personnelles que les huissiers & herauldz d'armes peuuent auoir les vns cōtre les autres. Des actions personnelles que les gens de guerre, & autres pourront auoir pour raison & à l'occasion du fait de la guerre : mesmes contre les Tresoriers, payeurs des cōpagnies, à cause de leurs gages & soulde. Des maluersations commises par lesdits tresoriers, leurs clers & commis & des comptes & assignations qui se baillent les vns aux autres pour le fait de leurs charges &

entremises

entremiſes ou il en ſuruiendroit different entre eux. Des fautes, abus & mal-
uerſations commiſes par les Preuoſts
des Mareſchaux, leurs Lieutenans & archers en leurs offices, ou qui leur pourroient eſtre faites & à ceux qu'ils pourroient auoir appellé auec eux en aide
pour l'exercice & execution de la iuſtice
& les differens qui pourroient aduenir
entre eux en caſſant & deſtituant par leſdits Preuoſts, leurſdits Lieutenāns &
archers ſans cauſe vallable. De toutes
lettres de remiſſion, pardon & innocen-
ce obtenues & impetrees, pour raiſon
d'aucun crimes & exces commis : tant
par leſdits gens de guerre, payeurs de
leurs compagnies, clers & commis. Preuoſts leurs Lieutenans & archers, que
autres contre les deſſuſdits au camp en
garniſon y allant reuenant & exerceant
leurs charges reſpectiuement. Des ſentences & iugemens donnez en ladite
mareſchaucée y a appel en la cour de parlement.

E

DE L'ADMIRAVLTE.

'Admiral de France, ou son lieutenant en ladite table de marbre, a iurisdiction & cognoissance de tous faicts, querelles & differens & de tous crimes & delicts commis par ceux qui sont de sa charge, durant la guerre & à l'occasion d'icelle. Pareillement pour le fait de la marchandise, pescherie & autres choses quelconques suruenans en la mer & par les graues d'icelle : comme lieutenãt generil du Roy seul & pour le tout és lieux dessusdits. Et en sẽblable de tous cõtrats faits & passez pour le fait de la guerre & desdites marchandises & pescheries. Tous nauires allãs par mer soubs l'obeissãce du Roy, doibuent porter la bãniere dudit Admiral. Il peut accorder trefues percheresses aux ennemis & à leurs suiets: si de mesmes les ennemis les veulent octroyer aux subiets du Roy. Aussi les prinses faites sur mer seront par luy declarees bonnes ou mauuaises. Il a ses iurisdictiõs ordinaires de premie-

re inſtãce és villes & lieux eſtans pres de
la mer dont les appellations reſſortiſſent
pardeuant luy, audit ſiege de la table de
marbre & apres en la cour de parlement.
Les amendes adiugees par les iuges ordinaires de l'admirauté & la moitié de celles qui ſont adiugees en ladite table de
marbre luy appartieñet comme font pluſieurs autres droits ſur les nauires ou ſur
ce qui eſt trouué & tiré deſſus la mer.

Si dans vn nauire eſtant ſur mer aucun
ſoldat ou autre fait quelque degaſt, exces
& mutinatiõ: le cappitaine & maiſtre dudit nauire ſe pourrõt rẽdre les plus forts:
Et neantmoins auec l'aduis & opiniõ de
ſept des principaux du nauire proceder
ſommairement & de plain la ſeulle verité
du fait cognèue, à en faire la iuſtice, pu-
ñitiõ & correction des delinquãs iuſques
à ſentence de mort & execution d'icelle
incluſiuement.

DV GRAND MAISTRE
ENQVESTEVR ET GENERAL
reformateur des eaux & foreſts de Frãce & maiſtres particuliers d'icelles.

L cognoiſt de la reformation & reglement des eaux & fo-reſts de France appartenans au Roy, abus, larrecins, & mal-uerſations qui y ſont commiſes. Du droit de pannage, paſturage, vſage & ſeruitude pretenduë en icelles par aucuns particu-liers priuatiuement à tous autres iuges. Pareillement des eaux & foreſts des par-ticuliers quand requis en ſont par les pro-prietaires.

Il y a auſſi des maiſtres particuliers deſ-dites eaux & foreſts en chacune pro-uince fondez en meſme iuriſdiction. Les appellations duquel ſont releuees parde-uant ledit grand maiſtre audit ſiege de la table de marbre, & de la en la cour de parlement.

Et pour la garde des bois gruyeries & garennes du Roy, il y a des capitaines gruyers, & verdiers, qui ont auſſi iuriſdi-ction & cognoiſſance des fautes commi-ſes in icelles iuſques à ſoixante ſous d'a-mende ſeulement. Le maiſtre des eaux & foreſts la peut augmenter ſi elle n'eſt ſuffiſante. Auſſi cognoiſſent leſdits cap-

pitaine, gruyers & verdiers contre les
chaſſeurs & badineurs en leurs deſtroits
ſans figure de proces & priuatiuement
à tous autres par les peines & condemnations portées par les ordonnances. Et
ſ'il y a appel d'eux en ce cas, il ſera releué
& pourſuiuy au conſeil priué & d'Eſtat du
Roy, & non ailleurs.

DV MAISTRE DES PORTS
ET PASSAGES.

S Ont eſtablis & ordõnés és
prouinces, bailliages & ſe-
nechaucées qui ſont ſur les
frõtieres du Royaume pour
auoir l'œil & garder les paſ-
ſages deſdites frontieres, à ce qu'aucune
marchandiſe prohibée mal acquitée &
ſuppoſée l'vne pour l'autre n'y paſſe : aucun or, argent monnoyé ou non monnoyé, bagues, ioyaux, harnois & toute autre ſorte de munitiõ de guerre, cheuaux
de pris & autre choſe dont le tranſport
hors du Royaume eſt prohibé. Qu'il n'y
paſſe aucuns courriers, meſſagers eſtrangers & autres perſonnes incognus entrãs

ou fortans du Royaume, gens fans adueu
& cognoiffance, ny pareillement par les
faux ports, ponts, paffages & chemins
deftournez. Il eft auffi conftitué & ordō-
né pour faire acquiter & payer les droits
de refue domaine forain, hautpaffagetrai-
te & impofition foraine, ayant à ceftefin
foubs luy Lieutenans, greffiers, poifeurs,
nōbreurs feelleurs, vifiteurs, concierges,
& gardes pourueus par le Roy qui prenent ferment dudit maiftre des ports.
Et ledit maiftre des ports en la cour de
parlement ou les appellatiōs de fes iugemens font releuees, excepté quant à la
traicte & impofition foraine, leuee par
forme d'aide fur les marchandifesvēdues,
ou tranfportees hors du Royaume, ou és
pays ou les aides n'ont aucun cours dont
la cognoiffance en appartient à la cour
des aides. En laquelle ledit maiftre des
ports eft pareillement tenu de prefter
fermēt & enuoyer eftat au vray par chacun quartier, au bureau general des finances en la charge de la valleur defdits
droits de domaine forain, haut paffage,
traicte & impofition foraine.

DES CONSVLS ET IVGE
DES MARCHANS.

LE commerce & negotiation de la marchandise est de telle faueur & recommendation aussi, que pour euiter a inuolution de proces & iuger promptement les affaires, qui naissent & se presentent iournellement d'entre les marchans ou autres personnes trafiquans & negotians & pour cause de marchandise, negotiacion & trafique : ils ont leurs iuges particuliers gens de leur bonnet & qualité muables d'an en an par election. S'il y a appel de leurs sentences & iugemens és cas l'edit de l'erection des iuges & magistrats presidiaux il ressortist pardeuant eux, & au surplus immediatement en la cour de parlement.

Pour le regard des foires de Lyon. Il y a vn conseruateur en office formé par le Roy, qui est de robe longue & du corps de la Seneschaucee & sie-

ge Prefidial dudit Lyon qui cognoit
& iuge de toutes caufes & matieres de-
pendans de ladite conferuation en prefidial, fi font des cas de l'edit & hors de l'e-
dit par ordinaire comme des autres matieres de ladite Senefchaucée;

Il y pourroient bien auoir encores d'autres iuges particuliers comme feroit le
iuge du petit feel de Mont-Pellier, pour
les clameurs & contrainctes des obligations & fubmiffions faites aux rigueurs
dudit petit feel : & autres femblables iuges & officiers, defquels le pouuoir &
iurifdiction eft retraincte en certains lieux ou à l'endroit de certaines perfonnes
& matieres. Aufquels fi l'on veut dreffer
quelque branchage l'on le pourra loger
apres le precedent de leurs fentences &
iugemens : il y a appel en la cour de parlement, finon és cas de l'edit qui eft pardeuant les iuges prefidiaux.

DES COMMISSAIRES
DELEGVEZ

Vtre les iuges & magistrats ordinaires dessus nommés qui sõt
constituez en office &auctorité
particuliere appartenãt á leurs
estats, offices & magistratures.   Il en y a
d'autres plus particuliers encores qui sõt
cõmis & deleguez extraordinaremẽt. Les
aucuns par le Roy pour instruire quelques proces de grãde importance& principalement en matiere criminelle ou
pour le fait de son domaine, vente ou
reduction d'iceluy, reformatiõ des eaux
& forests ou autres choses de cõsequẽ-
ce. Iuger lesdits proces en diffinitiue dernier & souuerain ressort, ou bien les proces instruits les apporter & faire iuger
en quelque cour souueraine ou telle autre compaignie qu'il plait au Roy, ordõner. Autres sont cõmis & deleguez par
les cours souueraines pour instruire quelques incidens, les iuger ou en faire leur
rapport, faire enquestes, informatiõs, exe-

cuter les arrefts & iugemens defdites cours : & autres font cõmis & deleguez par les iuges ordinaires fuyuant le pouuoir que vn chacun ordinaire a de deleguer. Tous lefquels commiffaires & deleguez refpectiuement doibuent enfuyure la forme & teneur de leurs commiffions & ne l'exceder à peine d'abus & de nulité de leurs procedures. Si entre deux deleguez d'vne mefme chofe y a contrarieté, ils doiuēt recourir au delegant; auquel pareillement appartient la cognoiffance de l'appel defdits deleguez, s'il y efcheoit. Il y a encores d'autres deleguez volontairement par les parties plaidantes ou contendentes pour decider de leurs proces & differēs, les vns appellez arbitres de droit qui doiuēt iuger felon la difpofition d'iceluy. Auffi en ce cas a lon accouftumé eflire perfonnages fçauans & experimentez en la chofe contentieufe. Les autres font appellez arbitres arbitrateurs & amiables compofiteurs. Lefquels amiablement mettent les parties hors de different. En ces arbitrages il y a tēps limité : paffé lequel la puifsance des arbitres est esteincte & les parties remises comme auparauant : Aussi y a il adiection de peines pour la partie contredisant qu'il est tenu payer en cas que la sentence des arbitres seroit confirmee par le premier iuge d'appel, qui est naturellement le iuge royal à qui en appartiendroit l'ordinaire iurisdiction & cognoissance.

DES PREVOSTS DE MA-
RESCHAVX GENERAVX ET
prouinciaux.

ET pour vn plus grand deuoir & execution de la iustice criminelle, de laquelle principalement procede le repos & seureté des gens, de biē, outre les lieutenans criminels, qui sont és Bailliages & seneschaucees sont ordonnez & constituez les Preuosts des mareschaux de France tant generaux qu'autres particuliers par les prouinces du Royaume auecques lieutenans & archers pour prendre & saisir au corps tous faux

monoyeurs, voleurs, affafinateurs, guetteurs de chemins, facrileges, porteurs
d'armes prohibees & deffenduës par les
edits, fayneans, vagabons & autres gens
fans adueu ny domicile. Et proceder
contre eux ordinairement, extraordi-
nairement & fommairement felon l'e-
xigêce&qualité des cas & crimes deffufdits. Et les iuger diffinitiuemêt aux fieges, & à l'affiftance des iuges prefidiaux
pl⁹ prochains des parties &nõ autremêt.
Leurs fentences&iugemens font executez reallemêt & de faiſt:nonobſtant l'appel, l'incompetance propofée cõtre lef-
ditsPreuofts, eſtauffi iugée aufdits fieges
prefidiaux. L'appellation defquels en ce
cas deuolüe au confeil d'Eſtat du Roy,
ou par requefte fe doit on retirer deuers
fa Maiefté pour y eſtre pourueu. Lefdits
Preuofts font encores fondez en iurifdi.
ction ordinaire priuatiuemêt à tous autres pour le fait des chaffes,&ont la moitié des amendes & condemnations procedans à caufe de ce.

DV BRANCHAGE
DES FINANCES.

Pres auoir expedié le premier branchage de ceſt arbre, qui eſt du fait de la iuſtice ordinaire & diſtribu-tiue de la Frãce & des magiſtrats officiers & miniſtres d'icelle qui en ont l'autorité & iuriſdiction contentieuſe. Il conuient de parler à preſent du ſecond gros brancha-ge qui eſt du fait des finances, nõ moins vtile, requis & neceſſaire que le premier au fait gouuernement & regime de ce-ſte republique & monarchie Fran-çoiſe. C'eſt vne belle vertu que d'eſtre iuſte & equitable, mais qui n'a le moyen & ſubjet pour la mettre en effet, elle ne peut paroiſtre ny ſe manifeſter & de-meure comme morte & enſeüelie. Ainſi quelque iuſtice & police que lon puiſſe eſtablir & ordonner ſingulierement en vn eſtat publique, ſi elle n'eſt ſouſtenuë & entretenuë par le fonds des finances qui en ſont les nerfs & ligamens, elle ſe periſt & aneantiſt entierement. Parquoy ayant veu & demonſtré cy deuant la forme de la diſpoſition & diſtribution de la Iuſtice de France : il faut voir maintenant la maniere de l'adminiſtration des finances d'icelles. C'eſt à ſçauoir de celles qui appartiennent au Roy, tant du faict de ſon dommaine, que de celles qui ſont ordonnées, impoſées & leuées pour l'entretenement & conſeruatiõ de l'eſtat de ſon Royaume. Pour ce faire & ſelon la diſpoſition de ce ſecond branchage deſtiné ſeulement pour le faict deſdites finances, vient à conſiderer premierement la generalle diuiſion d'icelles, qui eſt de recepte & dépéce. La recepte apres qui eſt ſubdiuiſee en autres deux mẽbres : l'vn qui eſt du dõmaine du Roy & patrimoine de la couronne de France, l'autre qui eſt ordonné, impoſé & leué (comme dit eſt) ſur le peuple par forme d'aide & ſubſide, de taille & tribut.

Comme auſſi pareillement la deſpence
pour en auoir plus ample intelligence eſt
ſubdiuiſee en autres deux membres : l vn
qui eſt pour le fait de la maiſõ du Roy. Et
l'autre pour le fait de l'eſtat de ſa Maieſté,
& de toute la republique du Royaume.
Pour raiſon dequoy & pour faire vne
bonne & entiere recepte, & pareillemẽt
vne droite & legitime dépence, ont eſté
crees, ordonnez, & eſtablis grand nõbre
d'officiers, receueurs, treſoriers, payeurs,
miniſtres & diſpéſateurs deſdites finãces,
qui ſont tenus par chacũ an de rendre bõ
cõpte du fait & adminiſtration d'icelles.

DE LA CHAMBRE DES
COMPTES

L A chambre des comptes eſt à ceſte
fin ordonnee & eſtablie en toute ſouueraineté pour en cognoiſtre iuger & decider, affiner, clorre & arreſter
les cõptes de tous leſdits receueurs, treſoriers, payeurs & generallement de tous
officiers cõptables & autres qui ont receu
pris ou manyé en quelque ſorte & maniere que ce ſoit, les deniers & finances

du Roy : ou autres quelconques, impofez & leuez fur le peuple pour le fait
de la guerre ou autrement. Et ce au
temps & terme qui leur eſt ordonné par
ladite chambre. A laquelle encores pour
la grande auctorité, iuriſdiction & cognoiſſance fouueraine qu'elle a de l'adminiſtration deſdites finances : toutes
lettres, Edicts, Ordonnances, Chartres,
tiltres, documens, & enſeignemens, cō-
cernans le fait d'icelles y doiuent eſtre
leus, verifiez & regiſtrez, gardez, & con-
feruez. Pareillement toutes lettres d'a-
mortiſſemēs, manumiſſions, naturalitez,
Legitimations, Affranchiſſemens, ano-
bliſſemens, diſpenſaſions, congez de te-
ſter, exemptions, priuileges, dons de ra-
chapt, reliefs, quints & requints, deniers
d'amendes, garde nobles, Regales, confi-
ſcations, nouueaux acquits, eſpaues, au-
benages, tous rabais, moderations, &
dons d'aucunes ſommes d'aides, fermes,
tailles, ou autres impoſts faits par le Roy,
aux habitans d'aucunes villes, ou pays:ou
à aucunes perſonnes particulieres, à perpetuité ou à temps plus que de dix ans:
autrement

autrement ils ne font paffez ny allouez en ladite chambre, ny les comptables d'aucuns deniers de quelque forte & nature qu'ils foient quittes n'y defchargez que par arreft d'icelle. Les iufticiers & vaffaux du Roy, font tenus auffi de faire en ladite chambre, les foy & hommage qu'ils doiuent à fa Maiefté pour raifon de leurs fiefs, terres & feigneuries, & y bailler leurs adueus & denombremens. Et fi procedant à l'audition & clofture d'aucun defdits comptes, il y a prefumptiõ de faulfeté, abus ou nullité aux roolles, mandemens, certifications, quietances & autres pieces furce rapportees : la verification en eft faite par les commiffaires à ce deputez par la chambre : Et le iugement & decifion en la chambre neutre compofee en nombre fuffifant moitié de la cour de parlement, & moitié de ladite chambre des comptes. Comme auffi pareillement quand aucun defdits comptables vient en reuifion de l'arreft & clofture de fon compte, ou il eft receu par la mefme voye que contre vn arreft d'autre cour fouueraine.

F

DE LA TRESORERIE DE
L'ESPARGNE.

A R le chapitre precedent de la chambre des comptes, il a esté demonstré, comme en icelle doit estre rendu compte & raison de tout le fait, recepte, despence & maniment des finances du Roy. A present est besoing de declarer & faire entēdre la natūre dont elles procedēt, à quoy elles sont destinées: Cōmment & par qui elles sont distribuées & dépēsées. Ou par ce faire & pour entēdre le vray ordre d'icelles. Il sēbleroit qu'ō deuroit cōmēcer à d'escrire l'origine dont elles naissent & procedent primitiuemēt auant que s'engouffrer plus auant en l'amas general & vniuersel d'icelles. Toutesfois pour l'ordre qui à esté obserué en ce present discours qui à esté tousiours commēcé par les plus grandes & principalles parties d'iceluy, deriuant puis apres comme par des ruisseaux particuliers, speciaux, & encoresplus speciaux iusques à leur premie-

re origine & commencement. Confide-
rant qu'en l'eſpargne affluent toutes les
finances du Roy, & en deſfluent, puis
apres. L'on ne pourroit donner meilleur
n'y plus grand commencement à la deſcription & parfaicte intelligence de la recepte & deſpence d'icelles, que par ledit
eſpargne, qui eſt repreſenté en ce brācha-
ge par vn gros neud, qui attire & amaſſe,
conſerue & ſ'engroſſit de l'humeur & ſubſtance de toutes les autres branchages &
rameaux qui y tombent naturellement &
ſe decharge & degroſſit par les autres brāches & rameaux qui en procedent & de-
partent, ainſi que lon peut voir & recognoiſtre plus amplement par la forme dudit branchage. Et par ce en attendant
la deſcription particuliere d'iceux,
commenceant par la generalité de la recepte dudit eſpargne, eſt à noter, que
toutes les finances du Roy tant ordinaires que extraordinaires, domaniales
ou cenſuelles leuees par forme de taille
& impoſition & autrement en quelque
façon & maniere & de quelque nature &
qualité qu'elles ſoient, ſont rendues &

apportées en la treforerie & récepte generale de l'efpargne, tãt par les receueurs
generaux des prouinces & generalités du
Royaume, que par le receueur general
aufli des parties cafuelles & finances extraordinaires qui eft à la fuitte du Roy,
excepté des deniers du taillon comme il
fera cy apres declaré au chapitre du tré-
forier ordinaire des guerres. D'autãt que
ils font nómeément impofez & deftinez
pour l'augmentation de foulde & cómu-
tation de viures & vtencilles de la gen-
darmerie fans pouuoir eftre employez
ailleurs, & c'eft la caufe pourquoy ils n'ĕ-
trent point en l'efpargne pour ne mefler
n'y cófódre ces deniers là auec les autres
finances du Roy, cóme aufli pareillemĕt
des gaiges des cours de parlement, chãbres des comptes, cours des aides & magiftrats prefidiaux, qui ont leurs gaiges
affignez fur les greniers à fel par augmentation de gabelle, qui eft receuë par
les receueurs defdites cours des mains
des grenetiers, fans qu'il en tombe aucune chofe ny cognoiffance quelconque
audit efpargne. Anciennement il y auoit

des coffres au Louure, & des commiſſaires deputez par ſa maieſté, pour en leur
preſence receuoir par ledit treſorier de
l'Eſpargne tous les deniers deſdites finances, les mettre apres dans iceux coffres fermans à deux clefs differentes l'v-
ne qui demeuroit deuers leſdits commiſſaires & l'autre és mains dudit Treſorier de l'Eſpargne. Et encores y auoit
d'autres coffres deſtinez particulierement pour en faire reſerue, quand il plai-
ſoit au Roy, & que l'abondance de ſes finances permettroit de la faire. Mais à preſent à cauſe de l'eſtat du temps qui a cou-
ru, & que tant ſ'en faut qu'il y aye moyen
d'en faire reſerue que non pas meſmes
d'attendre que les deniers ſoient apportez par deça, qu'ils ſe trouuent ordonnez,
employez & conſumez ſur les lieux où
ſ'en fait la premiere recepte. Parquoy
laiſſant à diſcourir plus amplement de
l'ordre & eſtabliſſement deſdits coffres
du Louure, en attendant qu'il plaiſe à
Dieu nous remettre en l'eſtat de ce têps
là comme il en y a bonne eſperance, veu
la tranquilité & pacification publique

du Royaume & le bon zéle & affection
naturelle des subiets d'iceluy, suffira de
declarer la forme & maniere dont vse à
present ledit treforier de l'espargne,
pour faire sa recepte: qui est suyuãt l'estat
general qui en est fait par chacun an si-
gné de la main du Roy, de l'aide, octroy,
creues, & autres impositions faites & ordonnees par sa maiesté, pour subuenir ne-
cessairemẽt aux charges & affaires d'icelle. Et les estats aussi qui luy sont enuoyez
au cõmencement de chacune annee par
les treforiers de France, generaux des
finãces en leurs bureaux generaux sur ce
establis de la cotte & portion que chacune desdites generalitez doit prendre
& porter du fait desdites tailles & impositions, & pareillement de tous autres
deniers quelconques qu'ils voyent & cognoissent par estimation debuoir & pouuoir tomber durant l'annee en chacune
des receptes generalles establies en leurs
charges & generalitez. Sur quoy le treforier de l'espargne proiette à peu pres
la recepte qu'il peut faire desdites generalitez, laquelle il procure en toute di-

ligence par les termes & quartiers qu’èl-
le doit eſtre faite : Autrement il enuoye
deuers leſdits receueurs generaux à
leurs deſpens.   Des deniers qu’il reçoit,
doit bailler quittance contenant le bordereau des eſpeces d’iceux & tout de
meſmes des deniers prouenans de la recepte des parties caſuelles, qui ſont pour
la commodité d’iceux (eſtans receus aupres de la perſonne du Roy) deſtinez à la
deſpence de ſa maiſon. Et quant à la deſ-
penſe ſoit pour le fait de la maiſon du
Roy, argēterie, eſcuyrie, vennerie, gaiges
menuz & autre deſpence quelconque:
ſoit pour le fait de l’eſtat ordinaire ou
de l’extraordinaire de la guerre : Artillerie marine, reparatiõs, fortifications, mu-
nitious ambaſſades, voyages, rentes, pen-
ſions, dons, recompenſes ou biens-faits:
Il la fait par les eſtats roolles acquits &
mandemens patents ſignez de la main du
Roy, & ſeellez du grãd ſeau & par les quictances des treſoriers, payeurs & autres à
ce deſtinez. En vertu deſquelles & deſdits eſtats, mandemens & acquits à luy
dreſſez & expediez (comme dit eſt) deuë

ment contrerollez par celuy des intendans des finances, qui est à ce faire commis, il rend compte du fait de sa charge
& administration en ladite chambre des
comptes.

TRESORIERS DE FRANCE
ET GENERAVX DES FINANCES
en leurs bureaux generaux.

POVR le reiglement general &
auancement de toutes les finances du Roy, procedans tant du
domaine de sa maiesté, maison &
couronne de France, que des tailles & im-
positiós faittes pour la manutētió de l'estat, ont esté n'agueres establis dix sept bureaux cōposez des tresoriers de France &
generaux des finances qui y estoiēt anciē-
nement & qui exerceoient leurs estats &
charges distinctemēt & separement selon
la nature d'icelles. Asçauoir les Tresoriers
de Frāce pour le fait du domaine du Roy,
& les generaux des finances pour le fait
des tailles & impositions, & à present les

exercent enſemblément & conioinɛte-
ment ſuyuant la forme & maniere, ſur ce
preſcripte par l'edit de la creation & e-
ſtabliſſement deſdits bureaux és dix-
ſept generalitez de France, deſtinez principalement pour auoir l'œil, ſoin & regard à l'auãcemẽt des finances, tant dudit
domaine, qu'autres ordinaires & extraordinaires. Que les chaſteaux, maiſons &
baſtimens du Roy ſoient tenus & conſer-
uez en bon & conuenable eſtat. Faire les
eſtats des Receueurs ordinaires & particuliers, ſoit du domaine ou des aides, tailles & gabelles & des plus valleurs des receptes generalles, qui ſont payables en
l'annee alternatiue. Pareillement autres eſtats au commencement de l'annee de la valleur de leur charge au plus
pres de la verité, qu'ils enuoyent ſçauoir
l'vn au Conſeil d'eſtat, autre au Treſorier de l'eſpargne, autre au contrerolleur
general des finances, & vn autre au Receueur general d'icelles en leur charge,
ſans en rabattre ny defalquer aucune
choſe, ſinon les gaiges des officiers, les
charges du domaine, les fiefs, aumoſ-

nes, reparations, frais de iuftice & autres charges anciennes & fans y com-
prendre aucuns dons ou biens-faits &
par iceux preferire le temps que les deniers feront payables. Autres eftats particuliers de tous dons & biens-faits,
qui auroient efté faits par alienation
des membres du domaine foit à vie
ou à temps, la valleur annuelle, noms
& furnoms des iouyffans, & caufe de ce
& par chapitre à part des dons, penfions
& bien faits qui font fur lefdits dommaine, tailles & gabelles, en fomme d'argent, pour eftre par le Roy faicte de-
claration fur la iouyffance des chofes
deffufdites, autres eftats particuliers
au Treforier ordinaire des guerres qui
eft à la fuitte de la cour des deniers du
taillon, qui font pour l'augmentation
de foulde de la gend'armerie, commu-
tation de viures & vtencilles qui n'entrent point en l'efpargne pour n'eftre
confondus auec les autres finances du
Roy. Doiuent procurer incontinent que
il y aura fomme notable en la recepte generalle de la faire enuoyer en l'efpargne

en mesmes especes qu'elle aura esté receuë, ou bien la faire distribuer selon les
mandemens du tresorier de l'espargné,
portans quictance, sans laisser aucuns deniers és mains desdits receueurs generaux, sinõ les fraiz. Font la taxe aux clers
desdits receueurs generaux, tant pour recouurer, que pour apporter les deniers
en l'espargne. Doiuent faire les cheua-
chees trois mois de l'annee par l'esten-
due de leurs charges & generalitez, s'informer des fautes, abus & maluersations
commises, tant par des receueurs du domaine que des aides, tailles & gabelles:
& enuoyer l'information au Roy, pour
y pouruecir, suspendre ce pendant les receueurs particuliers qu'ils trouueront e-
stre en restes, en arriere ou autrement in-
suffisans & pouruoir en leur lieu de personnages capables, faire procés verbaux
de leurs cheuauchees & autres affaires
de leur charge qu'ils enuoyent à la fin de
l'annee, tant au cõseil d'estat, qu'en la chã-
bre des comptes, & par chacun quartier
vn roolle ou cahier en parchemin, ou seront contenus les frais du recouurement

des deniers apport d'iceux & autres me-
nus frais de la recepte generalle : & pour
l'execution des cõmiſſiõs qui ſerõt dreſ-
ſees auſdits bureaux autres que de leurs
vacations, dont ils ne doiuẽt rien prẽdre
pour eſtre alloué audit receueur general
ſans autre validatiõ. Ils font auſſi les eſtats
de l'augmẽtatiõ de gabelle és greniers à
ſel pour le paiemẽt des gaiges des cours
de parlemẽt, chãbres des cõptes cours des
aydes & ſieges preſidiaux en vertu deſquels & de leurs mandemens & ordonnances, les receueurs & payeurs deſdits
gaiges les reçoiuent des mains deſdits
grenetiers. Entrent aux cours de parlement, chambres des comptes, cours des
aides & treſor: ou leur eſt baillé lieu conuenable & decent. Ont voix & opinion
auſdites chambres des comptes, des aides & treſor, & iouiſsẽt de tous tels & ſen-
blables droits, auctoritez, priuileges exemptions dont iouyſſoient les anciens
treſoriers de France, & generaux des finances eſtans offices diſtincts & ſeparez
& qui font à preſent ioincts & vnis en
corps de bureau & college par ledit dernier edit.

RECEPTES GENERALES
DES FINANCES.

Our la grãde estenduë du Royaume de Frãce, & la diuersité des lieux d'où procedẽt les finã-ces du Roy il n'eust esté possible au tresorier de l'espargne sans grand fraiz & confusion de les pouuoir recueillir ainsi particulie-remẽt: A l'occasion dequoy les receptes generalles ont esté iudicieusement ordõ-nées, establies & constituées en chacune prouïce & generalité du Royaume, pour receuoir de tous les receueurs particu-liers de leurs charges & estenduë & par bordereaux signez de leurs mains tous & chacuns les deniers & finances du Roy, soit qu'elles procedent du fait de son do-maine ou des tailles & impositiõs & au-tres de quelque nature & qualité qu'elles soient, suyuãt les estats qui à ceste fin leur en sont faits & baillez par les tresoriers de Frãce, & generaux des finãces en leurs bu reaux contenãs les termes des payemens

& ce en la preſence des Contreroolleurs
generaux des finances, qui ſont auſſi inſtituez pour le bié & auancemét d'icelles en
chacune deſdites receptes generalles,
leſquels deniers & finances ainſi receües
par leſdits receueurs generaux, ils les
doibuent apres incontinent faire apporter en la treſorerie & recepte generalle
de l'eſpargne en meſmes eſpeces qu'ils les
ont receües: ou les deliurer par les mandemens portans quictance du treſorier
dudit eſpargne. Ils peuuent contraindre
leſdits receueurs ordinaires & particuliers par leurs roolles, executoires & contrainctes ſignees &ſcellees de leurs ſeings
& ſeels au pavemét des deniers, & ce aux
dépens du Roy, excepté quant à ceux qui
ſont tenus les apporter à leurs propres
dépens. Enuoyeront au treſorier de l'eſpargne à la fin de chacun quartier, l'eſtat
au vray d'iceluy quartier, contenant en
recepte ce qu'ils auront deu receuoir &
dont ils ſeront chargez par les eſtats deſdits bureaux y cóprenant ceux des plus
valleurs, & en depence ce qu'ils auront
particulierement fourny, taxes & frais

des recouuremens des deniers & apport
d'iceux cottez des dilligences qu'ils auront fait de recouurer les deniers reſtans
& cauſes pourquoy n'auront eſté receus.
Quant aux contrerolleurs generaux qui
ſont eſdites receptes, ils doiuent procurer auſſi que les deniers ſoient mis aux
receptes generalles aux termes des ordonnances: ſ'ils y cognoiſſent de la faute
ſ'informer dont elle procede & en ad-
uertit le Roy ou les intendans de ſes finances: doiuent aſſiſter au compte &
deliurance des deniers apportez en ladite recepte generalle par les receueurs
ordinaires & particuliers, en ayant au
prealable receu & retiré bordereau ſigné
de leurs mains, leſquels deniers ſeront
apresmis en ſacz & coffres en lamai-
ſon dudit Receueur general leſdits coffres fermans à deux clefs, dont ledit
contreroolleur en tiendra vne. Quand
on enuoyera les deniers en l'eſpargne
ſeellera les ſacz auec ledit receueur general & tous deux enſemble feront bordereaux des eſpeces qu'ils ſigneront & bail-
leront au clerc qui les apportera, du iour

du departement duquel ensemble desdites especes d'or, ou d'argent & du nombre des charges & voytures, fera ledit
côtreroolleur general regiftre & bordereau pour eftre porté au contreroolleur
general des finances, qui eft aupres du
Roy, par ledit clerc, & fuyuant iceluy
faire le payement & deliurance des deniers qu'il apporte en l'efpargne. Auffi
lors que par mandement portant quictâ-
ce dudit treforier de l'efpargne, fe fera
aucun payement en la recepte generalle, feront les efpeces du payement
efcriptes au dos dudit mandement, &
au deffous figné par ledit contreroolleur, & celuy qui receura le payement. A
la fin de chacune année enuoyera à la
chambre des comptes trois contreroolles, l'vn contenant la defcription des
efpeces d'or & d'argent efquelles le receueur general aura faict fa recepte: le
deuxiefme de la defpence, & le troifiefme
des voyages, iournées & vacations par
luy contreroollées pour le port des deniers à l'efpargne. Et femblables contreroolles baillera au receueur general,
pour

pour luy feruir à la verification de fes cõptes & dépence. Auec lefquels roolles & contreroolles, & les eftats defdits bureaux, mandemens & quictances dudit Treforier de l'efpargne deuëment expediez, rendra fon compte iceluy receueur general. Et pareillement des deniers du taillon, s'il a accouftumé les receuoir. Car en aucunes receptes generalles, Il y a des receueurs generaux d'iceux, qui les reçoyuent en la prefence dudit contreroolleur general, comme il eft accouftumé de faire des autres deniers de ladite recepte generalle, & deliurent aux payeurs des compagnies par les mandemens portans quictance du Treforier ordinaire des guerres qui eft en charge.

RECEVEVRS ORDINAIRES
ET PARTICVLIERS DV DOMmaine du Roy, aides tailles, gabelles, & autres impofitions.

T pour venir à la fource defdites finances & entendre la nature & difference d'icelles, eft à noter

G

(comme dit a esté cy dessus) que les vnes
sont domaniales, procedans des terres&
seigneuries qui sont du domaine du Roy,
maison & courône de France, consistans
en cens, rêtes, quints, requints, losts, vê-
tes & autres droits & deuoirs seigneuri-
aux, ou des autres mêbres, qui sont tenus
& reputez dudit dommaine. Comme es-
paues, Aubeines, amendes, con fiscations
grefes, seaux, tabellionages & domaine
forain. Les autres viennent par imposition & subside mis & ordonné sur le peuple, comme sont les aides, octrois, cruës,
taillô, soulde de l. mil hommes, la gabelle
à sel & du vin la doüane & imposition foraine. Comme aussi pareillement sont les
decimes & dons gratuits, accordez, &
octroyez, par le clergé : desquelles les aucunes sont bailees à ferme comme les
grefes, seaux, & tabellionages, s'ils ne sont
tenus en office, & pareillement les impositions faites sur le vin & doüanes, qui
autrement ne se pourroient leuer ny exi-
ger par le menu. Pour le regard de toutes les autres ordinaires & extraordinai-

res, tant du domaine, que de l'impolition
elles font cueillies, leuees, & exigees, par
des receueurs particuliers à ce deftinez
& conftituez en office formé, fingulie-
rement pour le fait du domaine, par les
treforiers & receueurs particuliers d'iceluy difcernez par bailliages & feneſchaucees, qui encores reçoiuēt les fermes defdits grefes, feaux, & tabelionages. Pour
le fait des tailles & taillon par les receueurs particuliers d'icelles diftinguezpar
dioceſes & elections, La gabelle à fel par
les grenetiers des greniers à fel. Et les decimes par les receueurs particuliers des
dioceſes à ce commis par le clergé qui
ſeft chargé de faire les deniers bons au
Roy. Tous lefquels receueurs chacun felon la charge qu'il en a font tenus de faire la recepte, mefmement les receueurs
des tailles, taillon decimes & impoſitions
du vin des mains des fermiers & collecteurs defdites tailles & taillon, fuyuant
le departement & baulx à ferme qui en
font faits par les efleus & contreroolleur
en chacune election ou par les dioceſes
aux lieux ou il n'y a point d'electiōs, & ce
G ij

par les eftats qui leur en font faits & baillez par les bureaux generaux dés finances. Les grenetiers fuyuant la vente
du fel qui fe faict par chacun iour,
dont il font liure iournal, comme fait
aufli pareillement & à part le contreroolleur defdits greniers. Et le treforier &
receueur du domaine par les lieuës qu'il
a pardeuers luy des cens & rentes, les
baulx a ferme des grefes, feaux & tabellionages, redde des amendes & confif-
cations qui luy font baillees par les gre-
fiers des iurifdictions. Quant aux lots, vé-
tes, quints, requints, aubtines, efpaues,
& autres droits cafuels par fa diligence
& recherche, Ioinct celle du procureur
du Roy en chacū bailliage, Senefchaucee
& iurifdiction royalle, qui luy doit affifter
en c'eft endroit, cōtreroller, figner & certi
fier, auec le iuge & officiers des lieux, l'e-
ftat au vray defdits droits cafuels & for-
tuits : & aux temps & termes à ce deftinez : Apporter les deniers aux receptes
generalles fusmentionees de la charge &
eftendue defquelles font lefdits receueurs particuliers. Et ce aux mefmes ef-

pecés qu'ils les ont receu des fermiers &
collecteurs, dont ils feront bordereaux
& en sera fait mention aux quictances
qu'ils retireront du receueur generaldef-
dites finances. Et vertu defquelles deue-
ment contrerollees par le contrerolleur
general defdites finances, les eftats, reddes & certifications deffufdits, le compte de leurs receptes & adminiftrations
fera verifié, clos & arrefté en la chambre
des comptes. Eft à noter que apres le terme efcheu d'apporter les deniers en la
recepte generalle ils font condemnez en
l'amende de cent liures, dont ils feront
recepte, feront neantmoins contrainctz
par lefdits receueurs generaux au payement du quartier efcheu à leurs depens,
qui feront promptement taxez aux bureaux generaux des finances & leuez
nonobftant oppofitions ou appellations
& fans preiudice d'icelles pouruéu qu'ils
n'excedent la fomme de dix efcus.

RECEPTE GENERALLE
DES PARTIES CASVELLES
& finances extraordinaires.

Es finances extraordinaires
& parties casuelles qui sont
receuës à la suitte de la cour
sont proprement les deniers
prouenãs de la taxe & com-
position des offices qui sont principalement destinez pour les fraiz & dépence
de la maison du Roy, & receu par le tresorier desdites parties casuelles qui en baille les quitances, envertu desquelles deuë-
mét côtreroollees par celuy des intendãs
des finances qui est en charge pour ce
faire, les lettres & prouisions desdits offices, sont seellees & expediees par mondit sieur le Chancellier & garde des seaux
qui garde lesdites quitances, & au bout
de l'annee les enuoye en la chambre des
comptes, auecques lesquelles le Contre-
rolle & les quitances dudit tresorier de
l'espargne qui reçoit les deniers desdites finançes extraordinaires des mains
du tresorier d'icelles, son compte est verifié cloz & arresté en ladite chambre
des comptes.

Il y a bien d'autres receptes generalles
outre les precedantes, comme celle qui

se fait des emolumens des seaux du Roy
tant en la grand chācellerie, que aux chā-
celleries ordinaires establies pres les
cours de parlement par le grand audien-
cier de France, La recepte generalle des
boüetes des monnoyes, La recepte generalle des amendes des cours de parlement & autres semblables : qui seroient
de bonne & grande valleur. Mais les charges ordinaires qui sont en icelles les es-
puisent entierement, s'il y auoit des deniers bons ils tomberoient en l'espargne:
Mais tant s'en faut qu'il y faut bien souuent recourir pour suppleer au defaut
du fons & aux charges necessaires. Ils n'en
sont pas moins comptables par les estats
contreroolles du fait de leurs charges,
reddes desdites amendes & quitances
des parties auec certification du seruiui,
par les secretaires du Roy, qui prenent
leurs bources & gaiges en l'audience.

DE LA DESPENCE.

YANT remonstré iusques icy
le fait de la recepte des finances du Roy, la nature d'icelles,

le lieu d'ou elles naissent & procedent, Et
comme de main en main elles viennent
& tombent en l'espargne, il conuient à
present en continuant le propos & subiet
encommencé de monstrer & faire enté-
dre ce qu'elles deuiennent ou & commēt
elles sont employees & distribuees. Sur-
quoy tout ainsi qu'elles ont eu deux ori-
gines & commencemens, à sçauoir est
du domaine du Roy, & de l'imposition
faite sur le peuple. Aussi ont elles deux
voyes & chemins pour estre despenduës
& consumees l'vne pour la maisõ duRoy,
& l'autre pour le fait de l'estat publique de la France.

POVR LA MAISON

DV ROY.

Vant à la maison du Roy,
chacun peut considerer (encores qu'il ne l'ayt pas veu)
combien doit estre grande

& fumptueufe l'excellence & magnifi-
cenfe d'icelle, la grande dépence qu'il y
conuient faire, tant pour la table du Roy,
que pour la table du grand maiftre
de France, ou font receus les Princes, grands officiers de la courône. Les
gouuerneurs des prouinces, Ambaffadeurs, Cheualiers de l'ordre, & autres
grands feigneurs qui font à la cour, quãd
il leur plaift d'y venir: & tant d'autres ta-
bles, encores qu'il y a fumptueufement
garnies pour les maiftres d'hoftel, gentils
hommes feruans, Efcuyers, pages, vallets
de chambre & autres officiers domefti-
ques en trefgrand nombre : L'abondance, varieté & changement d'accouftre-
mens, ou lon trauaille ordinairement &
cõtinuellement pour la perfonneduRoy:
Les belles & grandes efcuyries de toutes
fortes de cheuaux qui font auffi de grand
pris & valleur : Et encores pour le plaifir
& deduit du Roy, les chantres, violons, &
mufique, ordinaire tant vocale, que in-
ftrumentalle, La vennerie, fauconnerie,
auec vne infinité d'autres depéfes neceffaires. Pour monftrer, faire apparoir &

reluire (comme il eſt bien conuenable)
la ſplendeur & maieſté de la maiſon du
Roy, & de ſa ſuitte. Les compaignies de
ſes gardes ordinaires tant des deux cens
gentilshommes, des quatre cens archers
françois, & eſcoſſois, de cent ſuiſſes, que
d'vn regiment d'infanterie françoiſe encores : ou il va vne deſpence infinie : conioinctement auec la dépence de la maiſon de la Royne & des enfans de France.
Le tout bien reglé conduit & manié
toutéſfois par officiers receueurs & treſoriers diſtincts & ſeparez. Aſſçauoir eſt
la dépence de bouche par le maiſtre de
la chambre aux deniers, des accouſtre-
mens par l'argentier, de l'eſcuyrie par vn
receueur à part, comme auſſi pareillement les gaiges de tous les officiers de la
maiſon, des deux cens gentilshommes,
des Archers des gardes, des Suyſſes, les
gaiges du grand Preuoſt & de ſa famille
par treſoriers particuliers qui payent &
acquittent : C'eſt à ſçauoir la dépence de
bouche par les eſcroues de chacun iour
de l'année contenans la dépence faite
ledit iour ſignees d'vn ou deux maiſtres

d'hoſtel, laquelle eſt apres arreſtee par
eux à la fin du mois, aſſiſtant le contreroolleur general de la maiſon : comme
auſſi pareillement celle de l'argenterieeſt
arreſtee par le premier gentilhôme de la
châbre, & ledit contreroolleur, les gaiges
de tous les officiers par l'eſtat d'iceux ſigné de la main du Roy, Des cent gentilshommes des gardes des Suiſſes, & Preuoſt de l'hoſtel par les roolles & certifications de leurs capitaines: Rapportant leſquels & quitances des parties en bonne
& deue forme, les ſommes y contenues
ſont paſſees & allouees en la depence des
comptables ſuſnommeez. Et pareillemét
à tous autres qui ſont conſtituez & ordonnez à faire quelque dépence ordinaire en la maiſon du Roy. Toutes les au-
ttes dépences qui y ſont neceſſairement
à faire, & ou il n'y aucuns officiers, deſtinez elles ſont faittes par le treſorier de
l'eſpargne par les mains duquel tous les
treſoriers, payeurs & receueurs qui deſſus prennent les deniers de leurs charges,
mandemens & aſſignations par eſtats &
acquits patens ſuffiſans ſignez de la main

du Roy feellez de fon grand feel & contreroollez par le contreroolleur general
de fes finances, comme il eft plus amplement declaré au chapitre dudit treforier
de l'efpargne.

DE LA DEPENCE POVR L'ESTAT.

ET pour le regard de la dépence qui fe fait pour l'eftat publique de la France, encores
qu'elle forte d'vne mefme
bource que celle de la mai-
fon du Roy. Toutes-fois pour en auoir
plus grãde cognoiffance, raifon & intelligence: Il a femblé aduis les deuoir diftin-
guer & feparer : Comme auffi veritable-
ment il y a vne bien grande difference,
Car encores que neceffairement & con-
trainctement la dépence de la maifon du
Roy reuienne par chacun an à vne bonne & notable fomme de deniers:
Neant moins c'eft bien peu de chofe au
refpect de celle qui fe fait pour l'entretenement & conferuation de l'eftat pu-

blique & vniuerſel du Royaume : Conſi-
ſtant principallement comme nous auõs
dit & remonſtré par tout ce diſcours
au vray exercice & adminiſtration de la
iuſtice, procedant de l'integrité & deuoir des miniſtres & officiers d'icelles
qui ſont en vn treſ-grand nombre & difference de charges : leſquels puis qu'ils
trauaillent pour le publicq, il eſt bien rai-
ſonnable : que du public auſſi ils ſoient
entretenus & ſtipendiez, & pareillement
les gens de guerre, tant de cheual que de
pied deſtinez pour la force. Les villes
chaſteaux, galleres, & places maritimes
& de frontiere bien fortifiees, rempa-
rees, munitionnees & auitaillees, L'eſ-
qu'elles eſtans auſſi en treſ-grand nombre
neceſſairement neceſſaires pour le repos & aſſeurance de l'eſtat vniuerſel du
Royaume : Il eſt bien beſoin auſſi, requis
& neceſſaire de fournir & ſatiſ-faire à
tout ce qui y appartient. A ceſte fin &
pour faire les payemens & la dépence
particuliere, il y a auſſi des treſoriers, receueurs & payeurs diſtincts & ſeparez,
Aſçauoir eſt commẽçeant à la plus gran-

de & plus haute defpence qui eft celle de
la gend'armerie.

DES TRESORIERS ORDI-
NAIRES DES GVERRES

Eluy qui eft en exercice au
commencement de l'annee,
doit regarder au departe-
ment des côpagnies qui font
fous fa charge, & fuiuant ice-
luy, le treforier de l'efpargne par fes mã-
demês portãs quictãce, luy baille les affi-
gnations du paiement de la fimple & ancienne foulde fur les receueurs generaux
des finãces le plus cômodément que faire ce peut, felô l'affiette des garnifôs: Sur-
quoy apres il doit departir pour chacun
quartier aux payeurs des côpagnies particulierement, ainfi qu'il leur fera mandé
& ordonné par le Roy, les deniers à luy
affignez par mandemens dudit efpargne
fur lefdits receueurs generaux des finances pour ladite foulde ancienne : & pour
l'augmentation de foulde & cômutation
de viures, felon l'eftat des bureaux gene-

raux des finances qui leur en fera enuoié
par leurs quictáces expediées fur les receueurs generaux defdicts deniers appellez le taillon : Et en vertu des roolles des
monftres & acquits fuffifans que lefdicts
payeurs feront tenus leur rapporter vn
mois apres la monftre faicte fignéez des
Capitaines commiffaires & contreroolleurs ordinaires des guerres lefdicts treforiers des guerres rédront leurs cóptes,
& fi les payeurs ne faifoient leur debuoir
en pourront commettre d'autres en leur
lieu, lefquels rapportans leurs rolles&ac-
quits ainfi fignez & expediez audit treforier ordinaire des guerres, ils font def-
charger les promeffes qu'ils baillent en
prenant leur affignation rendant auffi les
deniers reuenãs bós au ROY, excepté quãt
à la foulde d'aucun gendarmechangeant
de compagnie qu'il retiendra iufques à la
monftre enfuiuãt, qu'en faifant apparoir
par ledit gendarme qu'il foit enrollé en
autre compagnie, ladicte foulde luy fera
payee, & pareillement aux autres qui au-
roiētefté fuffifamment excufez en vertu
de leurs procurations ou de leurs heriti-

ers. Ledit treforier ordinaire des guerres qui eſt en exercice doit eſtre touſiours à la ſuitte du Roy, & auſſi le contreroolleur general d'icelles pourreſpondre
du fait de leurs charge & entendre le vou
loir de ſa Maieſté, ſurce qu'il luy plaira
ordõner pour le fait des mõſtres, aſſignations & payemens de la gend'armerie. S'il
en y a des abſens aux monſtres ils feront
payez par acquits & reliefuemẽs du Roy
contreroollez par ledit contreroolleur
general des guerres.

DES TRESORIERS DE L'EX-
TRAORDINAIRE DE LA GVERRE

Ls fõt eux meſmes ou par leurs
clers & commis les payemens
des gens de guerre ſur le roolle
des mõſtres qui en eſt fait par les capitaine commiſſaire & contreroolleur deſdites guerres : auquel ſont eſcrits au vray &
par ordre les noms des capitaine, lieutenant, enſeigne, & cõſequemment des autres de la compagnie, ſelon le plus grand
appoinctement. Ils reçoiuent les deniers
de leur

de leur aſſignation par les mandemens
portãs quittance du treſorier de l'eſpargne, ſur les receptes generalles ſuiuãt les
roolles & mandemés patens du Roy qui
à ceſte fin en ſõt expediez audit treſorier
de l'eſpargne, & de meſmes les treſoriers
des marines de Leuant, & Ponant, des
cheuaux legers, de l'artillerie & morte-
payes, tous leſquels rendẽt compte chacun endroit ſoy, en vertu des rolles & mã-
demens du Roy, où de ſes Lieutenans generaux qui ont le pouuoir d'en ordonner & des quittances deüement faites
& expediées en la preſence deſdits Commiſſaire & cõtreroolleurs ordinaires des
guerres.

DES TRESORIERS ET
PAYEVRS DES GAIGES DES
cours de parlemẽt, chambres des
comptes cours des aydes
& ſieges preſidiaux.

Ls ont leurs aſſignations ordi-
naires par augmentation &
creüe de gabelle qu'ils pren-

nēt sur les receueurs particuliers d’icelle
& ou l’augmentatiō ne suffiroit sur l’ordinaire & plus liquide de ladite gabelle &
ce par leurs simples quitances & suyuant
l’estat qui a ces fins leur en est fait & dressé
par les gēs du bureau gñal des finances, en
la charge, rapportant lequel & pour vne
fois les lettres de prouisiō des officiers les
cedules de debentur & certifications de
seruiui : quant à ceux de la cour de parlement & quitances sur ce suffisantes les
parties leur sont passees & allouees en la
chambre des comptes. Quant au receueur & payeur des gaiges des iuges presidiaux il a son assignation aussi par augmentation particuliere en chacun gre-
nier à sel de la ville ou le siege est esta-
bli, qu’il reçoit par les mains du grenetier
ou marchant & paye lesdits Iuges presidiaux par l’estat qui luy en est fait aussi
par les gens dudit bureau general en la
charge. Le surplus s’il en y a, est em-
ployé à la reparation des chemins, voy-
ries & autres lieux, surce ordonnez, Suyuant l’estat & superintendance des gens
du pays.

RECEVEVR GENERAL
DES RESTES.

Stans tous les officiers conptables, que deſſus alternatifs, exerceans leurs eſtats, charges, receptes & treſoreries, l'vn vne annee & l'autre l'autre: ils ſont tenus en l'ānee de ceſſatiõ rendre le compte de celle de l'exercice & rapporter le quitus auant que pouuoir rentrer l'autre annee enſuyuant. Et encores ſi par la fin & cloſture de leurs comptes ou par le iugement de ſouffrances, debet de quiċtances, parties indeciſes & autres charges appoſees ſur les comptes eſt deu aucune choſe ſera apporté & mis comptant par chacun d'eux reſpeċtiuement ou leurs pleiges & cautions, veſues & heritiers ſi ſont decedez és mains dudit receueur general des reſtes eſtabli à Paris, auquel en eſt baillé eſtat: & raportant ſa quittance l'eſtat final deſdits comptables eſt deſchargé des ſommes à luy payees & les termes des debets eſ-

H ij

cheuz àfaute d'y fatisfaire l'intereſt court
ſur les côtables à raiſon du deniér dou-
ze, dont le contreroolleur general des reſtes eſt chargé de faire pourſuittes, & ce
ſuiuant l'ordonnance faite puis quelques
années, & au lieu de la peine du double
portée par les ordonnances, laquelle ne
s'exigeoit à rigueur.

Anciennement eſtoit fait vn eſtat par
vn des maiſtres des comptes & le procureur general du Roy, en ladite chambre
des deniers deſdites reſtes, qu'ils enuoy-
oient de quartier en quartier au Treſorier de l'eſpargne, pour ſur iceux aſſigner
ce qu'il verroit eſtre à faire. Mais à preſēt
tous leſdits deniers ſont deſtinez au ba-
ſtiment & palais de la Royne, qu'elle fait
faire aux thuyleries, pour accompagner
le Louure, & receuz par le receueur general de ladite Dame. Duquel rapport
ont quittance contreroollée par ledit
contreroolleur general des reſtes le receueur general d'icelles, en eſt tenu quitte
& deſchargé par ladite chambre, tout
ainſi que s'il les auoit mis en l'eſpargne.

DES BRANCHAGES DE LA
IVSTICE DES AIDES, FINAN-
ces & monnoyes du Roy.

Omme pour les proces & differens qui sont d'entre les subiets & regnicoles de la France, & pour toutes autres affaires qui concernent la negotiation commune & police generalle du Royaume, les iuges, magistrats & cour souueraine de parlement ont esté instituees, establies & ordonnees. Il a bien aussi esté requis & necessaire pour les proces, querelles & differens qui se meuuent pour raison & à cause de l'administration des finances du Roy, & pour ne mesler ny confondre le fait d'icelles (qui est de grande importance pour le seruice de sa maiesté & de l'estat vniuersel du Royaume) auec le fait de ses subiets, de les traicter separément sans les assubietir à l'inuolution ordinaire des autres proces. Et à ceste fin establir & ordonner des iuges, magistrats, & officiers particuliers.

H iij

DE LA COVR SOVVERAINE
DES AIDES ET FINANCES.

S Ingulieremēt vne cour fouueraine anciennement ap-
pellee des aides feulement,
& à prefent des aides & finances par augmentation
de tiltre pouuoir & iurifdiction, A laquelle appartient de cognoiftre & iuger
fouuerainement & priuatiuement à tous
autres iuges du premier gros branchage
de tous proces meuz & à mouuuoir, pour
raifon des tailles, taillon, aides, octroys,
creues, gabelles, traictes, impofition foraine, trefpas de Loire, equiuallens, empruntz foulde de cinquante mil hommes, decimes, dons gratuits, munitions
garnifons, eftapes, fortifications, auitaille-
mens, deniers communs, debets, & executoires de la chābre des comptes, & autres ordonnez par les bureaux generaux
des finances, receueursgeneraux d'icelles,
& generalement de to⁹ autres deniers mis
& à mettre fus pour fait d'aide & fubuen-

tiõ de guerre ou autremēt leuez & impofez pour quelque autre caufe & occafion
que ce foit, de tous proces meuz & à mou
uoir pour raifon des finances, criees, dif-
fentions & oppofitions fur ce formees,
dons faits par le Roy : Recompences af-
fignations, gaiges, & amendes adiugees
au Roy. Forniffement de greniers, reformation de gabelle, de tous contrats
faits entre fermiers munitionaires, pour
raifon de leurs fermes & munitions, cef-
fions, tranfports, affociations pour le fair
des aides, munitions, impofition de gabelles, leur circonftances & dépendances fous quelque feel, & priuilege que
lefdits contrats foient faits : & entre
quelques perfonnes priuilegees ou autres que ce foit.   Auffi pour raifon des
taxes & cottifations des fiefs & arriere-
fiefs fubjets au ban & arriereban. Le tout
fans préiudice de la iurifdiction ordinaire des eleuz, grenetiers & maiftres des
ports, & paffages telle qui leur appartient
& que plus à plain eft cõtenu par les chapitres enfuiuãs. Sinõ en cas d'apel des fentences & iugemens par eux donnez qui
H iiij

reſſortiſt en ladite cour des aides & finances. En laquelle encores ſon tenus ſe
faire receuoir & preſter ſerment pour
raiſon de leurs eſtats & offices. Cognoiſt
auſſi ladite cour des fautes, abus & mal-
uerſations commiſes tant par preſidens,
generaux, conſeilliers, greffiers, huiſſiers
d'icelle. Que leſdits officiers des elections
greniers à ſel, Maiſtre des ports, & autres
y reſſortiſſans en leurſdits eſtats & offices. Et pareillement des iniures & exces
faits & commis en leurs perſonnes au
meſpris & contemnement de leurſdits
offices & octoritez.

SIEGES DES ELECTIONS

ET DV DEPARTEMENT DES
tailles & autres impoſitions.

Ont inſtituez & ordōnez enplu-
ſieurs lieux & endroits du royaume. Singulieremēt pour lefait
du departemēt des aides, tailles,
taillon, creues, empruntz, ſoulde de cinquante mil hommes, munitions, eſtapes,
cheuaux d'artillerie, equiuallens, & ge-

nerallement de toute autre forte & nature de deniers mis, impofez & leuez fur le
peuple pour le fait de la guerre, & pour
quelque autre caufe & occafion que ce
foit.   Dont en chacune election doit
eftre fait ledit departement, le fort portant le foible par les parroiffes d'i-
celle, fuyuant les lettres patentes &
commiffions du Roy, qui y font à cefte
fin addreffees. Pour bailler à ferme l'impofition faite fur le vin, & pour cognoiftre en premiere inftance de tous proces
& differens pour raifon, & à caufe de ce
meus & intêrez. Et en fouueraineté eftãs
en nombre de cinq, des matieres de fur-
taux iufques à la fomme de dix fols & de
quarante pour les frais.   Vne fois l'annee doiuent faire leurs cheuauchees par
tous les lieux & endroits de l'election,
qui doiuent à cefte fin eftre départis entre les Prefident & Confeillers, eleuz d'i-
celles elections, & faire defcription en vn
papier & proces verbal a part de tous &
chacuns les fiefs qui font affis en chacune parroiffe, felon qu'ils f'en peuuent informer auec le nom de chacun fief & ce-

luy du detenteur qu'ils enuoyent apres
en la chambre des comptes. En outre vi-
firent les ponts, paffages, & chemins publiques qui font de mauuais & dãgereux
paffage & qui ont befoin de reparation.
Ce faifant peuuent contraindre chacun
feigneur prenant peage & fubfide d'y
employer iufques à la fomme de vingt liures, ou les habitans des parroiffes des
enuyrons. A cefte fin & pour l'importance, dont eft la charge & function defdi-
ctes elections, tant pour le feruice de fa
Maiefté, que pour le bien & foulagemēt
de fes fubiets. Elles font compofees d'vn
Prefident certain nómbre deleuz en tiltre de Confeillers de Roy. Contrerolleurs alternatifs, Aduocat, & Procureur
de fa Maiefté & autres officiers à ce requis & neceffaires. L'appellation defquels fi elle y efchoit deuolue en ladicte
cour des aides & finances.

DES OFFICIERS DE LA
GABELLE A SEL.

IL y a plusieurs officiers de ladite Gabelle. Les vns font ordōnez au marais falās & bouches
ches des riuieres, les autres aux greniers
& magafins à fel, és villes & lieux, fur ce
deftinez. Ils doiuēt cognoiftre les feings
& marques l'vn de l'autre pour obuier
aux abus & faufetez qui pourroient faire
les marchans de fel aux refcriptions qui
leur font refpectiuement baillees par lefdicts. Ceux du mefurage doibuent auoir
deux regiftres, dont les feuillets feront
cottez de cottes numeraires & à la fin fignez par vn fecretaire du Roy, vn cordō
trauerfant tous lefdicts feuillets: & feellé
du grand feel , en l'vn defquels regiftres fera mis au vray le mefurage &
les refcriptions inferees ; & en l'autre les
certifications des defcentes & reception
dudict fel ésgreniers, fuyuant le contenu
des refcriptions & obligations que furce
en auront efté faictes & paffees par les
marchans lefquels ils ferōt tenus de rapporter au mefurage dons le temps contenu efdictes obligations. Et quant aux
grenetiers & contrerolleur des greniers

a fel procureront qu'ils foyent toufiours bien & deuëment pourueuz de fel feront bon & loyal regiftre du fel qui y fera mis & defcendu. Et pareillement de la vente & diftribution d'iceluy pour faire payer & acquiter les deniers & debuoirs reuenans au Roy, fur ledit fel. Vifiteront chacun an & rechercheront les paroiffes qui affizes ou dedãs les fins & limites de leurs greniers prendront ferment folennel de tous les habitans defdites paroiffes fuyuant le roolle de la taille qui à cefte fin leur fera baillé par le collecteur dudit lieu & paroiffe, f'enquerrõt des fautes cõmifes par les fubiets & pareillement contre les faulx fauniers leurs alliez, facteurs, recellateurs & autres vfans de fel, non gabellé & procederõt cõtre eux par les peines contenues aux ordonnãces. Cognoiftront auffi du naufrage fouffert par les marchans dudit fel : f'il y a appel de leurs fentences & iugemens il deuolue en ladite cour des aides & finances, ils ont foubs eux gardes, mefureurs, getteurs en mine, vireurs, tourneurs de mine inftituez par le Roy en offices formez.

CONTREROLLEVR GENE-RAL PROVINCIAL
des greniers à sel en chacune generalité.

Vtre lesdits grenetiers & contreroolleurs ordinaires des
greniers à sel, a esté nouuelle-
ment creé vn contrerolleur
general prouincial, en chacune des generalitez du Royaume pour a-
uoir l'œil regard & intendance sur tous
les greniers à sel ports, passàges, & officiers d'iceux en chacune desdites charges
& generalitez, ensemble sur les officiers
marchans idiudicataires, visiteurs ou ils
se trouueront establies regratiers & tous
autres officiers dudit sel, afin de les contenir au debuoir & functiõ de leurs charges, faire de six mois en six mois les
cheuauchées en chacun des greniers
pour verifier les descentes sur les estats,
qui à ceste fin leur seront enuoyez de six
mois en six mois aussi par les officiers des
ports, haures, bouches & passages des ri-

uieres à peine d'amende arbitraire &
luſpéſion de leurs offices. Veoir pareillement par leſdicts contreroolleurs generaux ſur les regiſtres des grenetiers & cõtreroolleurs des greniers à ſel, la quantité
du ſel qui y aura eſté venduë, ſurquoy ils
feront deux eſtats & contrerolles generaux dont ils en enuoyeront l'vn à la chã-
bre des comptes, pour ſeruir à la verification de la valleur des greniers & l'autre
au bureau general des finances à ce que
l'on puiſſe dreſſer au vray l'eſtat d'icelles.
En faiſant leurs cheuauchees cognoi-
ſtront, iugeront, & decideront, ciuilemẽt
& criminellement de toutes les contre-
uentions , abuz & maluerſations qu'ils
trouueront & feront en leurs charges ſur
quelques perſonnes que ce ſoit pour le
faict du ſel deſdicts greniers circonſtan-
ces & dépendances ſuyuant le pouuoir
attribué aux officiers deſdits greniers:&
ce conioinctement auecques eux & non
autrement: ſinon en cas que leſdicts officiers ſe trouuaſſent coulpables dont ils
feront leurs proces verbaux qu'ils en-

uoyeront apres à la cour des aides pour
y estre par elle pourueuë à laquelle aussi
en cas d'appel dudit contreroolleur general & de ses sentences & iugemens en
appartiendra la cognoiffance. Assiste-
ront aux baux à ferme qui se feront desdits greniers, le tout sans preiudice de
l'auctorité, appatrenant aux treforiers de
France, & generaux des finances esdites
charges.

COVRSOVVERAINE

DES MONNOYES.

E cours & artifice des monnoyes a esté introduit pour
le grand bien profit &vtilité
du peuple, ayant necessaire-
mētà faire de se cōmuniquer
les aisances cōmoditez& facultez de l'vn
à l'autre:ce qui ne peut conuenablēt faire
sans la forme du denier cōposé, de metail
d'or, d'argēt ou autre de bō alloy & liage
pour esgaller en estimation & valleur, les
dērees, marchādise ou heritages qui tō-
bēt au traffic cōmerce& negotiatiō comme des hōmes.Et pource nos Roys consi-
derās l'importāce desdites monnoyes: &
pareillemēt de la fabrique & ouurage d'i-
celle, singulieremēt del'or & de l'argent
qui sont les deux metaux plus excellēs &
grandemēt abōdās & vsitez en la France,
ont biē voulu pouruoir à ce qu'il fust mis
en œuure

en œuure & monnoyé, auec l'egalité &
perfection qu'il appartient, sans messlåge,
ny foillage, qui y peust apporter aucũ a=
bus, alteration ny maluersation contre la
forme & ordõnance sur ce prescripte par
les edicts du Roy. Et à ceste fin ont cõmis
& instituez, pour la frabricatiõ & ouurage
desdites mõnoyes des maistres & gardes
d'icelles, & autres affaires, pource requis
& necessaires. Principalement vne cour
souueraine appellee des mõnoyes séãt aus
Palais à Paris : pour cognoistre iuger &
decider souuerainemẽt & en dernier res=
sort des deniers des bouettes de toutes les
mõnoyes de Frãce. Pareillemẽt des fautes
abus & maluersations cõmises au fait d'i=
celles, tant par les maistres, gardes pre=
uosts, essayeurs tailleurs, cõtregardes, ou-
uriers monnoyeurs, maistres particuliers
& autres officiers d'icelles: chãgeurs, or-
feures, iouyalliers, affineurs, graueurs,
balanciers departeurs, batteurs d'or ou
d'argent, mineurs, & officiers de mines,
cueilleurs & amasseurs d'or de paillolle en
en leurs charges offices & estats tãt en premiere instãce que par appel desdits mai-

ſtres gardes, contregardes, Preuoſt des
mōnoyes & conſeruateur des priuileges.
Des mines, des cauſes & matieres eſtans à
leur reſpectiue cognoiſſance&iuriſdictiō
Les generaux, maiſtres Prouinciaux, maiſtres particuliers & autres principaux
officiers deſdites monnoyes doibuent
preſter ſerment & eſtre examinez en ladite cour des monnoyes. Laquelle auſſi
cognoiſt par preuention & concurrence
auec les Baillifs, Seneſchaux, & autres
iuges Royaux deſſusnommez où les Preuoſts de Mareſchaux, contre les faux
monnoyeurs & autres de quelque eſtat
qu'ils ſoyent infracteurs des ordonnances
faites pour raiſon & à cauſe deſdites
monnoyes.

TABLE DES MATIERES ET CHAPITRE CONTENVS EN ce present discours.

K

FIN.